新时代爱国主义教育丛书

做堪当新时代重任的接班人

接班人

第二辑　少年版

《做堪当新时代重任的接班人》编写组◎编

学习新思想　做好接班人
扣好人生第一粒扣子

U0782816

江西人民出版社
Jiangxi People's Publishing House
全国百佳出版社

前　言

少年强则中国强，青年兴则国家兴。

2022年5月10日，习近平总书记在庆祝中国共产主义青年团成立100周年大会上指出："要立足党的事业后继有人这一根本大计，牢牢把握培养社会主义建设者和接班人这个根本任务，引导广大青年在思想洗礼、在实践锻造中不断增强做中国人的志气、骨气、底气，让革命薪火代代相传！"习近平总书记从确保党的事业薪火相传和中华民族永续发展的战略高度，为新时代做好党的少年儿童工作、推动青年运动蓬勃发展指明了前进方向，注入了强大动力。

为深入学习贯彻习近平新时代中国特色社会主义思想和党的二十大精神，贯彻落实《爱国主义教育法》和《新时代爱国主义教育实施纲要》，扎实推进新时代爱国主义教育，同时引导广大青少年更好地了解共青团、少先队的光荣历史，坚定前进信心，立大志、明大德、成大才、担大任，努力成为担当民族复兴大任的时代新人，我们特别策划了新时代爱国主义教育丛书"做堪当新时代重任的接班人"。丛书为不同年龄段读者展示了100多年来中国共产党领导下的共青团和少先队组织的光辉历程、光荣事迹、光彩人物。我们希望本丛书能够成为引导广大青少年树立远大理想、热爱伟大祖国、担当时代责任、勇于砥砺奋斗、练就过硬本领、锤炼品德修为的生动读本，成为激励广大青少年为实现中华民族伟大复兴中国梦而勤奋学习、努力奋斗的动力源泉。

青少年朝气蓬勃，是全社会最具活力、最具创造性的群体。"世界是你们的，也是我们的，但是归根结底是你们的，你们青年人朝气蓬勃，正在兴旺时期，好像早晨八九点钟的太阳。希望寄托在你们身上。"60多年前毛泽东同志的激情勉励言犹在耳。在实现中国梦的征途上，新时代的青少年必堪当重任，有所作为，不负时代！

编 者

2023 年 6 月

目　录

第一编
浴血奋战，百折不挠

"为有牺牲多壮志，敢教日月换新天。"100多年前，时局动荡，山河蒙尘，民不聊生。在交织着血与火的岁月，一群怀揣共产主义理想的青年，播下革命薪火，"唤起工农千百万，同心干"，用大无畏的魄力，开辟了一条光明的路。

精神如炬，夏明翰、王尔琢、瞿秋白……他们用热血与生命铸就的丰碑，跨越时空，历久弥新。不畏艰难、前仆后继，一代代共产党人的奉献与牺牲，铸就了伟大建党精神、井冈山精神、苏区精神、长征精神等中国共产党人的精神谱系，成为无数中国人砥砺前行不竭的精神动力。

1 邓中夏：骨纵成灰志不渝

邓中夏（1894—1933），中国无产阶级革命家，中国早期青年运动和工人运动领导人。原名隆渤，字仲澥，湖南宜章人。1917年入北京大学学习，五四运动时为北京学联的领导人之一。1920年10月参加北京共产党早期组织。1923年8月当选中国社会主义青年团中央执行委员会委员，参与创办《中国青年》杂志。1933年5月被国民党当局逮捕，9月在南京被杀害，时年39岁。

邓中夏

1917年，23岁的邓中夏考入北京大学文学系。当时李大钊在北大任教，邓中夏不仅多次听李大钊的讲课，而且还读过李大钊发表的许多文章，让邓中夏受到很大的教育与启发。在李大钊的引导和俄国十月革命的鼓舞和影响下，邓中夏开始研究马列主义，并积极投入当时的反帝爱国斗争，成为学校中的积极分子和著名人物。

1919 年 3 月，邓中夏等发起组织旨在"增进平民知识，唤起平民之自觉心"的北京大学平民教育讲演团，带领讲演团的同志到街头演讲，使群众懂得了许多反帝反封建的道理。五四运动爆发后，邓中夏积极参与了这场具有历史意义的反帝爱国运动。5 月 6 日，北京中等以上学校学生联合会成立，邓中夏被推选为联合会总务干事。1920 年 3 月，在李大钊的领导下，邓中夏、何孟雄、黄日葵、高尚德、罗章龙等秘密组织了马克思学说研究会。邓中夏如饥似渴地学习马克思主义，并注意同中国革命的实际相结合，世界观发生了根本变化，确立了对马克思主义的坚定信仰。

1920 年 10 月，邓中夏参加北京共产党早期组织。同年 11 月，在李大钊的指导下，北京社会主义青年团成立，邓中夏也成为这个组织的成员。1921 年中国共产党正式成立后，中国社会主义青年团临时中央局也在上海组成。根据临时中央局的要求，于同年 12 月，建立了社会主义青年团北京地方执行委员会，邓中夏当选为书记。

1921 年 8 月，中国劳动组合书记部在上海成立，作为中国共产党公开领导工人运动的总机构。邓中夏担任北方分部主任，负责领导北方工人运动。1922 年 5 月，第一次全国劳动大会以后，书记部总部由上海迁往北京，书记部主任由邓中夏担任。

1923 年 8 月，中国社会主义青年团第二次代表大会在

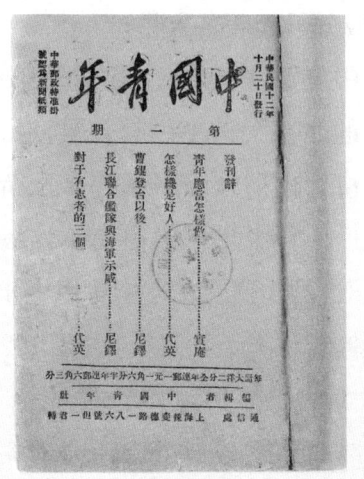

《中国青年》
创刊号

南京举行。大会接受了共产党所确定的建立革命统一战线的方针，同意青年团员以个人名义加入国民党。大会选举7人组成中央执行委员会，邓中夏被选为中央执行委员会委员。大会组织临时中央局，邓中夏被推选为委员长，主持团中央的工作。这一年，他参与创办《中国青年》杂志，并受李大钊推荐参加创办上海大学，任总务长。

1924年，邓中夏离开了青年团工作岗位，专心致力于上海工人运动。他在上海工作期间，撰写了很多文章，对工人运动、青年运动、农民运动和士兵运动等方面的重要问题提出了不少卓越见解。

1925年4月，邓中夏奉命离开上海，前往广州。在广州筹备并组织了全国第二次劳动大会，成立中华全国总工会，后参与组织和领导了著名的省港大罢工。

1927 年 4 月 12 日，蒋介石发动反革命政变后，邓中夏来到武汉，8 月，他参加了中共中央为挽救革命在汉口召开的八七会议。这次会议撤销了陈独秀的领导职务，选举了新的中央临时政治局，邓中夏当选为中央政治局候补委员。不久，邓中夏被派往上海，担任中共江苏省委书记。1928 年 2 月，邓中夏被派往香港，任广东省委书记。

1928 年 3 月 18 日，赤色职工国际第四次代表大会在莫斯科召开，邓中夏和苏兆征一起，率领中国工会代表团出席了这次会议。他们两人又一次被选为赤色职工国际中央执行局委员。6 月 18 日，邓中夏和周恩来、瞿秋白等一起，参加了在莫斯科召开的中国共产党第六次全国代表大会，并当选为候补中央委员。

1930 年 7 月 19 日，邓中夏从莫斯科回到上海。9 月，邓中夏被党中央派往苏区工作。王明上台以后，邓中夏被撤掉全部职务。1932 年秋，党组织委派邓中夏担任全国赤色互济总会主任兼党团书记，从事国民党统治区的地下工作。

1933 年 5 月，邓中夏在上海工作时被捕，随即被叛徒出卖供出身份。蒋介石闻讯后亲自过问，并下令立即将邓中夏押往南京国民党宪兵司令部监狱。在狱中，他以共产党员的坚定信念和钢铁意志，挺住了敌人高官厚禄的利诱和严刑拷打的摧残。他对狱中地下党支部负责人说："请告诉大家，就是把邓中夏的骨头烧成灰，邓中夏还是共产党员。"

1933 年 9 月 21 日，在南京雨花台刑场，邓中夏高呼"打倒国民党反动派！""中国共产党万岁！""全世界无产阶级联合起来！"等口号，英勇就义，时年 39 岁。

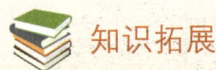 知识拓展

《中国青年》杂志

中国青年刊物。1923 年 10 月 20 日在上海创刊。周刊。中国社会主义青年团中央委员会机关刊物。1925 年中国社会主义青年团改名中国共产主义青年团后，仍为团中央机关刊物。1927 年迁武汉，同年七一五反革命政变后迁回上海。10 月 10 日出至第八卷第三号后停刊。在 1927 年至 1932 年间，曾以《无产青年》《列宁青年》等名秘密出版。1939 年 4 月 16 日以原名在延安复刊，半月刊，中华青年救国团体联合办事处主办，1941 年 3 月 5 日出版第三卷第五期后休刊。1948 年 12 月 20 日在河北平山县再度复刊，由中共中央青年工作委员会主持。1949 年 2 月迁北平（今北京）出版。同年 4 月中国新民主主义青年团（后改名中国共产主义青年团）成立后，为团中央机关刊物。1966 年 8 月休刊，1978 年 9 月恢复出版。

（《辞海》第七版缩印本，上海辞书出版社 2022 年版）

2 夏明翰：意志如铁，信仰如磐

夏明翰（1900—1928），中国无产阶级革命家。字桂根，又名陈日习，湖南衡阳人。五四运动时参加衡阳学生爱国运动，1921年加入中国共产党。1925年起历任中共湖南区委组织部部长、农民部部长，中共长沙地委书记，全国农协秘书长等。1928年初任中共湖北省委常委，3月在汉口被国民党当局逮捕杀害。夏明翰一家共五位烈士，满门忠烈。

夏明翰

"砍头不要紧，只要主义真。杀了夏明翰，还有后来人。"这首充满革命豪情的诗，是中国共产党早期著名革命活动家夏明翰的绝笔诗，这首诗气壮山河，成为无数革命者心中的明灯。

1900年，夏明翰出生在湖北秭归的一户望族家庭。父母思想开明，早年曾支持维新变法，是辛亥革命运动的先行者之一。父亲去世后，母亲带着夏明翰姐弟回到老家湖南衡阳。夏明翰从小不喜欢四书五经，而是对新式教育充满渴望。1917 年，在母亲的支持下，夏明翰不顾祖父的反对，考入湖南省立第三甲种工业学校。在校期间，他阅读了大量进步书籍，看到了中国的积贫积弱，努力寻找救国救民的道路。五四运动后，他投身反帝反封建爱国斗争的滚滚洪流。在毛泽东、何叔衡的教育培养下，夏明翰加入中国共产党，成为一名坚定的共产主义战士。从此，他信念坚定地走上了职业革命道路，一心扑在为中国人民求解放谋幸福的伟大事业上，从未动摇过。

1928 年初，夏明翰被调到湖北工作，任中共湖北省委常委。同年 3 月 18 日，由于叛徒出卖，他在汉口被国民党反动派逮捕。在狱中，敌人对夏明翰施以酷刑，劝他投降，但被他严词拒绝。夏明翰知道留给自己的时间不多了，便用敌人扔给他写"自白书"的半截铅笔分别给母亲、妻子和姐姐写了诀别信。

在给母亲的信中他写道："你用慈母的心抚育了我的童年，你用优秀古典诗词开拓了我的心田。爷爷骂我、关我，反动派又将我百般折磨。亲爱的妈妈，你和他们从来是格格不入的。你只教儿为民除害、为国除奸。在我和弟弟妹妹投身革命的关键时刻，你给了我们精神上的关心，物质上的支持。亲爱的妈妈，别难过，别呜咽，别让子规啼血蒙了眼，别用泪水送儿别人间。儿女不见妈妈两鬓白，但相信你会看到我们举过的红旗飘扬在祖国的蓝天！"

夏明翰的祖父曾是晚清官员，有着浓厚的封建专制思想。而夏明翰的母亲陈云凤，博学多才，正直刚毅，她擅长诗书，思想开明，给参加革命的儿女以大力支持。夏明翰投身革命，她变卖首饰予以支持。在家庭的熏陶和进步思想的引导下，夏明翰带领弟弟妹妹相继走上革命的道路。入狱后，夏明翰写给母亲的这封信，表达了对母亲的拳拳挚爱，他担心母亲因失去自己而过于伤心，安慰她要看到前途和光明。

在给妻子郑家钧的信中，有深深的依恋，更有满怀的革命豪情："同志们曾说世上唯有家钧好，今日里才觉你是巾帼贤。我一生无愁无泪无私念，你切莫悲悲凄凄泪涟涟。张眼望，这人世，几家夫妻偕老有百年？抛头颅，洒热血，明翰早已视等闲。'各取所需'终有日，革命事业代代传。红珠留着相思念，赤云孤苦望成全。坚持革命继吾志，誓将真理传人寰！"

夏明翰与湘绣女工郑家钧于 1926 年结为夫妻，此时他们结婚才两年。想到妻子和襁褓中的女儿，他写下了这封催人泪下的遗书。信后，夏明翰还用嘴唇和着鲜血，在信纸上留下了一个深深的吻痕，表达了对妻子强烈的思念。

"大姐为我坐监牢，外甥为我受株连，我们没有罪，我们要斗争！人该怎么做，路该怎么走，要有正确的答案。我一生无遗憾，认定了共产主义这个为人类翻身解放造幸福的真理，就刀山敢上，火海敢闯，甘愿抛头颅，洒热血。"这是夏明翰在监狱中写给姐姐夏明玮和她两个女儿的一封信，抒发对共产主义的无限忠诚。在这封信中，夏明翰坚定地阐明，宁可牺牲生命也绝不背叛自己的信仰。

在生命的尽头，三封家书字字情切，饱含着夏明翰对家人的思念和期望，也彰显了一名共产党人的初心和信仰。

 知识拓展

满门忠烈

"杀了夏明翰，还有后来人！"在夏明翰的教育和鼓励下，四妹夏明衡、五弟夏明震、七弟夏明霹和外甥邹依庄也走上了革命道路，并最终都献出了年轻的生命。

1928年春，受党组织委派，夏明霹在衡阳，夏明震在郴州，夏明衡在衡山分别组织武装起义。就在夏明翰就义的第二天，夏明震在郴州事变中英勇牺牲，年仅21岁。而此前一个月，夏明霹为组织衡阳暴动，在秘密制造武器时不幸被捕，不久后英勇就义，时年不到20岁。夏明衡组织过湘南妇女运动，在夏明翰牺牲后三个月，她遭到反革命武装的逮捕，献出了年仅26岁的生命。邹依庄是夏明翰大姐夏明玮的儿子，参加了红军，在一次战斗中壮烈牺牲，年仅19岁。

夏明翰一家五位烈士，为革命作出了突出贡献，他们的功绩永远值得我们铭记。

3 王尔琢：生为阶级，死为阶级

王尔琢（1903—1928），井冈山斗争时期红军著名将领。湖南石门县人。1924年考入黄埔军校第一期，同年秋加入中国共产党。1927年8月，参加南昌起义，任团参谋长。1928年4月井冈山会师后，任中国工农红军第四军参谋长兼第二十八团团长。同年8月25日，在江西崇义思顺墟追击叛徒时，英勇牺牲，年仅25岁。

王尔琢

1903年，王尔琢出生于湖南省石门县官桥村一户小康人家。小时候，在王家祠堂念私塾。14岁起，进入官桥国民小学读书。1920年7月，考入湖南高等工业学校附设中学。1924年考入黄埔军校第一期。

1926年3月，因不满蒋介石扣押中山舰舰长李之龙（共产党员），王尔琢与蒋先云、陈赓一道，除了与蒋介石展开三次舌战之外，还借用学校和社会上的舆论工具，披露这一事件真相。1927年四一二反革命政变后，王尔琢辗转来到武汉。7月，他随周恩来奔赴南昌，秘密从事起义前的准备工作。8月1日，王尔琢参加了南昌起义，任起义部队第十一军第二十五师第七十四团参谋长。

为了表达对革命必胜的信心，王尔琢蓄须盟誓，公开对起义官兵说："革命不成功，绝不剃胡须！"为此，在军中有"美髯公"的称号。12月，部队转移到韶关驻扎时，王尔琢负责军事训练的具体实施，他整天忙碌，胡子老长老长的。何长工受毛泽东的委托，从井冈山下来与朱德联络，看到王尔琢的神情，便和他开玩笑说："尔琢，你这把胡子，快赶上马克思了。"

1928年4月，朱德、陈毅、王尔琢率南昌起义余部和湘南暴动农军与毛泽东率领的工农革命军在井冈山宁冈胜利会师，成立了中国工农红军第四军，王尔琢担任参谋长兼第二十八团团长。在井冈山的斗争中，王尔琢参与指挥了五斗江、龙源口和草市坳等战斗，粉碎了湘赣两省国民党军的"会剿"，表现出卓越的军事指挥才华。在他的率领下，第二十八团屡战屡胜，被根据地军民誉为"飞兵二十八团"，王尔琢团长的名字在湘赣边界家喻户晓。王尔琢是驰骋井冈山的一员骁将，为创建、保卫和发展井冈山革命根据地作出了重大贡献。

1928年7月中旬，受中共湖南省委派遣，杜修经、袁德生、杨开明（杨克敏）等人以巡视员的身份来到井冈山。杜修经等人不了解当时环境，不顾军委、特委、永新县委联席会议的决议，强行要求红军执行湖南省委进攻湘南的决议，与特委书记毛泽东产生严重的意见分歧。为统一意见，遂召开军队团以上、边区各县县委负责人参加的特委扩大会议。会上，王尔琢认为进攻湘南是一条错误路线，并一针见血地指出问题。会议中，突然接到特务连长曾士峨报告，国民党湘军吴尚两个师分别从茶陵、酃县（今湖南炎陵）进犯宁冈，军情紧急，遂改变议题召开作战会议，决定分兵退敌，朱德、陈毅、王尔琢率领红四军主力第二十八、二十九团赴湖南端湘军的老巢茶陵、酃县，迫敌回救，以解宁冈之围。

8月中旬，第二十八团第二营营长、地主家庭出身的袁崇全忍受不了井冈山的艰苦条件，企图叛变投敌。8月25日，袁崇全受命率部前往湖南桂东沙田开展地方工作，随后切断了与军部的联系，公然叛变。

8月26日上午，得知袁崇全叛变消息后，军委多数人主张武力解决叛军，而王尔琢担心这样做会造成红军实力的损失，他认为可以争取把袁部劝回来——他和袁崇全是湖南老乡，又是黄埔一期学生第一队第二分队同学。

毛泽东和朱德都觉得此去凶多吉少，再三劝说王尔琢不要去冒险。王尔琢明知山有虎，却偏向虎山行，坚决地说道："不入虎穴焉得虎子，我万一有个三长两短，也无所谓，只要能够除掉叛徒，即使牺牲也是值得。"

8月26日下午，王尔琢率第一营和军部警卫排，连夜扬鞭催马，向着思顺圩方向追去。

一进思顺街，王尔琢边走边喊："同志们，别开枪，我是你们的团长王尔琢，接你们回去的。"起初，哨兵还放了几枪，但战士们听见果然是团长王尔琢的声音时，便停止了射击，混乱的局面渐渐停息了。王尔琢一边往财神庙边寿昌店方向走去，一边喊："袁崇全、杜生柏，我是王尔琢，跟我回去吧，我用我的人格担保，对你们既往不咎，绝对保证你们的生命安全。"袁崇全听见喊声，吓慌了手脚，双手提着两支驳壳枪从寿昌店冲出来，向街上跑去，不等王尔琢靠近，循着王尔琢声音的方向，抬手就是"叭叭"几枪，两颗子弹射入王尔琢的胸膛，王尔琢壮烈牺牲，年仅25岁。

毛泽东、朱德获悉王尔琢牺牲，悲痛不已。在王尔琢追悼大会上，毛泽东等人送的挽联写道"一哭尔琢，二哭尔琢，尔琢今已矣，留却重任谁承受？生为阶级，死为阶级，阶级后如何？得到胜利方始休！"

一个多月后，红军在战斗中击毙了叛徒袁崇全。

知识拓展

井冈山革命根据地

井冈山革命根据地是土地革命战争时期中国共产党领导创建的第一块农村革命根据地，位于湖南、江西两省边界的罗霄山脉中段。1927 年 10 月，毛泽东率领湘赣边界秋收起义的工农革命军第一军第一师到达井冈山地区，进行土地革命，开展创建革命根据地的斗争。1928 年 4 月，朱德、陈毅率领自湘南撤离的部队上井冈山，与毛泽东领导的部队会师，合编成立工农革命军第四军（后改为工农红军第四军），朱德任军长，毛泽东任党代表兼军委书记。5 月召开中共湘赣边界第一次代表大会，成立了以毛泽东为书记的中共湘赣边界特委。会后，成立了以袁文才任主席的湘赣边界工农兵苏维埃政府。井冈山红军粉碎了国民党军的多次"围剿"，根据地得到扩大，全盛时期包括宁冈（今属井冈山市）、永新、莲花三个全县，吉安、安福、遂川，湖南酃县的部分地区。同年 12 月，彭德怀、滕代远率领红五军主力到达井冈山，与红四军会师。1929 年 1 月，红四军主力向赣南、闽西进军后，红五军和红四军三十二团留在井冈山坚持斗争，后建立湘赣革命根据地。

4 瞿秋白：党的思想理论和宣传战线上的先行者

瞿秋白（1899—1935），中国无产阶级革命家、理论家、宣传家和文学家，中国共产党早期领导人。又名霜，江苏常州人。五四运动时参加领导北京学生爱国运动。1920年以《晨报》记者身份采访苏俄，为向国内介绍俄国十月革命后的真实情况的第一人。1922年加入中国共产党。1923年在上海负责《新青年》《向导》等刊物的编辑工作。1927年大革命失败后，主持召开八七会议，任中共中央临时政治局常委、主席。1935年6月18日在福建长汀就义。

瞿秋白

瞿秋白是中国共产党早期的主要领导人之一，伟大的马克思主义者，卓越的无产阶级革命家、理论家和宣传家，他对党忠诚、宁死不屈，牺牲时年仅36岁。在短暂的一生中，他为民族独立和人民解放不懈奋斗、艰辛探索，留下了宝贵的精神财富。

由于较早接触和研究马克思主义，了解苏俄社会情况，1921年秋，瞿秋白担任了莫斯科东方劳动者共产主义大学中国班教员，讲授俄文、唯物辩证法、政治经济学等课程，并担任政治理论等课程的翻译，表现出很高的思想理论水平，受到大家的尊重，刘少奇、罗亦农、任弼时等人都听过瞿秋白的课。1922年，他先后参加远东各国共产党及民族革命团体第一次代表大会和共产国际第四次代表大会。1923年1月，他离开莫斯科返回中国，满腔热情投身于日益高涨的革命运动。

瞿秋白是党内编写和译介马克思主义理论的先行者之一，他不知疲倦地战斗在党的思想理论和宣传战线上。1923年，他担任中共中央理论刊物《新青年》《前锋》主编和《向导》编辑，积极为刊物撰稿。他先后编写和译介多部有关辩证唯物主义和历史唯物主义著作，为中国共产党的理论建设做了大量开拓性、奠基性的工作。他严格遵循"革命的理论永不能和革命的实践相离"的原则，运用马克思主义分析中国资本主义关系的发展程度，分析中国社会阶级分化的性质、阶级斗争的形势、阶级斗争和反帝国主

义的民族解放运动的关系，把马克思主义基本原理同中国
革命实际的结合引向新的高度，成为党内重要的理论家和
宣传家。

　　1927 年 8 月 7 日，瞿秋白在湖北汉口主持召开中共中
央紧急会议（即八七会议），并作将来工作方针的报告。会
议总结大革命失败的教训，确立了实行土地革命和武装起
义的方针，开启了中国革命由大革命失败到土地革命战争
兴起的历史性转变。

　　八七会议选出以瞿秋白为首的中共中央临时政治局。
年仅 28 岁的瞿秋白受命于危难之际，以强烈的革命责任感
和极大的政治勇气毅然担负起党的主要领导人的重任，带
领中国共产党人在黑暗中继续高举革命的旗帜。

八七会议会址

1934 年 10 月，中央红军主力离开中央苏区开始长征，瞿秋白因病重而留了下来。在敌人残酷的"清剿"下，1935 年 2 月，瞿秋白在福建长汀被捕。面对国民党的反复劝降，瞿秋白不为所动，说："劳了你们远道而来，几天来费尽心机和口舌。我的态度，昨天都谈得一清二楚，任何改变都是不可能的！"1935 年 6 月 17 日中午，蒋介石直接给国民党军第三十六师师长宋希濂发出"瞿秋白就地处决"的电令。

据当时天津《大公报》的报道说，记者来到羁押瞿秋白的牢室，见到了他书写的辞世绝笔"眼底云烟过尽时，正我逍遥处"。行刑前，瞿秋白先到实施处决县城的中山公园中山亭留影，然后泰然自若漫步走向刑场，一路上高唱《国际歌》《红军之歌》，喊着"共产主义万岁""中国共产党万岁""中国革命胜利万岁"等口号，从容不迫，面无惧色。到达刑场后，他盘膝而坐，慷慨就义。

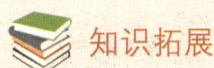 知识拓展

瞿秋白翻译《国际歌》

《国际歌》的旋律大家耳熟能详，而瞿秋白翻译了《国际歌》，他翻译的"英特纳雄耐尔"沿用至今，知道的人可能并不多。

1920 年 10 月，经历了五四运动洗礼的瞿秋白，满怀革命理想，以北京《晨报》特派记者的身份，远赴苏维埃俄国，寻找他心中光明的灯塔。

当时中俄铁路遭到破坏，瞿秋白在哈尔滨滞留了 50 多天，在此期间，他第一次听到了《国际歌》，豪迈的歌词和激昂的旋律让瞿秋白热血沸腾、激动不已。

1923 年，瞿秋白回到中国。1923 年 6 月 15 日，瞿秋白将他精心翻译好的《国际歌》发表在《新青年》季刊创刊号上，这是我国最早能传唱的中文版《国际歌》。

其实早在 20 世纪之初，《国际歌》就有了中译版，但没有附曲，不适合唱颂。瞿秋白翻译时，从法文版译来词和简谱，再与俄文的《国际歌》进行对比，边弹边唱，逐字逐句推敲。他选择音译"英特纳雄耐尔"这个单词，希望国人在唱到这个词的时候，能够和全世界的无产阶级发出同样的声音。

在中共三大的闭幕式上，瞿秋白指挥大家高唱《国际歌》。这是首次在党代会闭幕式上唱《国际歌》，而这一传统也延续至今。

5 李才莲：年轻有为的革命家

李才莲（1913—1935），江西兴国人。1928 年加入中国社会主义青年团，同年冬转为中国共产党党员。历任共青团上犹中心县委书记、广昌中心县委书记，江西省儿童局书记、团江西省委书记。1934 年 10 月任中共中央苏区中央分局委员、共青团（少共）中央苏区中央分局书记。1935 年 5 月在战斗中壮烈牺牲。

李才莲

1913 年，李才莲出生在江西兴国茶园教富村的一户贫苦家庭。14 岁在清源小学毕业。1928 年，参加秘密农会，开始走上革命道路。同年冬，加入中国共产党。1929 年 8 月，奉令调万安文治区（黄塘）进行革命工作。这里是游击区，他深入群众宣传革命、发动群众起来斗争，使这个地方成为杨殷县属的红色区域。1930 年春，李才莲入赣南干部学校学习，结业后，分派至赣西南的上犹县工作。随后调赣南办事处工作。1931年李才莲回上犹任中共营前区委书记。其间，他出席了江西省第一次苏维埃代表大会。同年春，红军攻打赣州，他加入地方工农武装随红三军团参战。9月，李才莲任少共江西省委儿童局书记，后转任少共江西省委书记。

少年从军闹革命

1927年末至1928年初，一场红色风暴席卷白色恐怖笼罩下的江西大地。随着井冈山革命根据地的建立，江西各地的农民运动蓬勃发展。1928年12月20日，江西红军独立第二团第十五纵队发动了著名的"兴国暴动"。就在起义前夕，李才莲经刘月香介绍加入中国共产党，并随之参加了"兴国暴动"。从此，李才莲开始了他的革命生涯，在革命风浪中茁壮成长。

1929年4月，杜鹃花遍山怒放的时候，毛泽东率红四军第三纵队在兴国分兵发动群众。李才莲毫不犹豫地投入革命的热潮中，同时还带动了许多乡亲参加红军。1930年秋，因工作需要，李才莲调离兴国，到驻信丰的赣南行委办事处做青年工作。他在思想上日渐成熟。不久，他随中共西河分委书记陈致中调到上崇苏区，担任少共上犹中心县委书记兼少共营前区委书记。李才莲年纪不大，加上性格活泼开朗，又能写会说爱唱歌，大家都说他"走到哪里，就能把革命气氛带到哪里!"他在营前区着手组织少年先锋队和儿童团时，亲手刻印了一本《革命歌曲集》发给队员们。他到处教唱，革命气氛在阵阵歌声中洋溢高涨。

组织苏区少年支前参军

1932年2月，红三军团围攻赣州。李才莲率上崇苏区少先队参战，少先队的队员年龄小，不能上第一线，他们就组成运输队，为红军运送弹药和干粮，积极配合正规部队作战。攻赣战斗失利后，李才莲随红军到了田村。不久，中共江西省委书记李富春将他调到广昌，担任少共广昌中心县委书记。当时广昌的领导忽视少共和儿童组织工作重要性，以致当地的少共和儿童组织很是松散。李才莲刚到广昌时，就碰到过一个思想很落后的团支部书记。这个团支部书记竟然告诉李才莲他还没有加入共产主义青年团。李才莲再问："你愿不愿意加入共产主义青年团呢?"这个书记居然说："加入也这样，不加入也这样。"李才莲对这种非团员的团支部书记的存在感到震惊，便对少共和儿童组织进行整顿。经过调查了解，他撤换不称职干部，大胆任用在斗争中表现优秀的新干部，在团员中开展革命竞赛，使工作很快出现新的局面。1932年6月，李才莲在该县少共县委扩大会上提议通过革命竞赛公约，又多次到落后的头陂区指导工作，使这个区的面貌大为改变。仅仅一个月，团员就从30多名发展到362名，扩充了36名红军战士，募集了一批慰劳红军的钱款，组织了一连模范少先队，两次作战，均获全胜。从此，头陂区成为南广县少共工作模范区。李才莲也在南广县的少共工作战线出了名，于1933年初调任中共江西省委儿童局书记。

血洒铜钵山区

1935年2月5日，根据中央政治局及军委的电报指示，中央分局在于都禾丰召开紧急会议，决定部队分九路，向闽赣、闽西、东江、赣南、湘南、湘赣等地分散突围。

1935年3月11日一大早，项英、陈毅等一起送别李才莲。突围部队一出动，即遭到敌人的疯狂堵截。北部陈诚的十万人马由北而南拼命挤压过来，南部陈济棠的六万部队也由南而北严加追堵、拦截。

李才莲率领独立第七团离开上堡后，一路经过10余次大小战斗，经过8天的日夜兼程、翻山越岭，经会昌到达汀州、瑞金交界处的白竹寨，侦察发现，该处已被敌军重兵把守、严密封锁，无法通过，无法和闽赣省军区取得联系。为避免后面追兵与前面敌军的两面夹击，李才莲审时度势，带领队伍，几经周折，于1935年4月折回到瑞金铜钵山区。

铜钵山位于江西瑞金市城西 25 千米，山峰巍峨幽邃，号称"绵江第一峰"。

3 月中旬，国民党集中了 3 个师的兵力围攻瑞西特委所在地的铜钵山区。当瑞西特委和直属队发现敌军逼近铜钵山下的岗西、沙心、万田等地时，已陷入敌人重重包围之中。鉴于敌我力量悬殊，为保存有生力量，瑞西特委决定组织突围，将集中在铜钵山的瑞金独立营和政治保卫队、侦察连等直属部队与机关干部约 1000 余人，混编成 3 个大队，分 3 路突围。各部约定突围后到安治前集中，再根据具体情况，确定下一步的行动方案。第二大队随特委书记赖昌祚、少共特委书记钟德胜（后改名钟民）从铜钵山突围后，途经九堡时，再次遭到敌军堵截，最后仅存四五十人。

赖昌祚、钟德胜等到达安治前时，恰遇李才莲率独立第七团一部抵达，李才莲遂决定与瑞西特委一起活动。随后瑞西、西江两县领导人也各自带领本县独立营突破敌军包围，相继到达安治前会合。几支部队合在一起共 200 余人。经过整顿后，李才莲、赖昌祚、钟德胜等决定部队以铜钵山区为依托，在瑞金西部、于都南部展开游击斗争。

1935 年 5 月的一天，国民党粤军第一军两个团突然"清剿"，李才莲在掩护战友突围的过程中，被叛徒偷袭，壮烈牺牲。

 知识拓展

八子参军

　　杨荣显是瑞金沙洲坝的一个普通村民，家中有 8 个儿子。杨家世代遭受地主剥削，生活过得十分艰苦，红军来到后，家中分到了田地，才过上了好日子。

　　1931 年中华苏维埃共和国临时中央政府在叶坪成立的第二天，杨荣显就带着大儿子、二儿子前去报名参军了。不幸的是，不到三个月，两个儿子便牺牲在了战场上。噩耗传到家中，杨荣显老人一句话也没说，看到儿媳怀中的孙儿，他心如刀割。

　　1932 年，为了打破敌人的军事"围剿"，苏维埃政府发出了"扩红支前"的号召。杨荣显老人把剩下的六个儿子都送去参军了。在反"围剿"战斗中，杨家的老三、老四、老五、老六也都牺牲在了战场上。此时，邓小平听说了杨家的事，专门派人看望了杨荣显老人，并告诉他，部队已下了决心，要帮他找到老七、老八。

　　最后，经过几番周折，终于在广昌战役的战场上，找到了老七、老八。听说了家中的事，哥俩说"等打完广昌这一仗再回去"。可就是这一仗，兄弟俩再也没能回家。

　　杨荣显一家八子参军、前仆后继、壮烈牺牲的事迹，是瑞金人民倾尽所有、支援革命战争的一个缩影。苏区时期，只有 24 万人口的瑞金参加红军的就有 4.9 万余人，有名有姓的烈士达 17166 人，还有更多的烈士连姓名都没有留下……

⑥ 郭俊卿：现代花木兰

花木兰替父从军只是历史故事，现代版的"木兰从军"就真真切切地发生在人民军队中。她，在艰苦的战争岁月中为了随军参战，女扮男装 5 年之久，只为了和男同志一样冲锋陷阵，鏖战疆场。她随部队南征北战屡建奇功，彰显了她的忠肝义胆和一片赤诚之心。她就是"全国女战斗英雄""现代花木兰"——郭俊卿。

郭俊卿

1931 年，郭俊卿出生在辽宁省凌源县一个贫苦农民家庭。1938 年，由于日军在中国东北的疯狂掠夺，郭俊卿一家被迫逃荒到了内蒙古巴林草原的林西县。

1945 年 8 月 9 日，苏联红军集结 150 多万大军，向驻守中国东北的 80 万日本关东军发起全线进攻，给予致命一击。8 月 12 日，苏联红军一队一队地进了林西县城。当看见队伍里有女兵时，郭俊卿为了给被地主害死的父亲报仇，下定决心要去当兵。几天后，八路军也来到林西县，可是部队不收女兵。郭俊卿干脆剃光头发，改名郭富，年龄报大了两岁，男扮女装参了军。就这样，郭俊卿被编入林西县支队，当上了一名八路军骑兵通信员，开启了她的军旅生涯。

雪夜飞马送信

1946年冬天的一个雪夜，郭俊卿所在的林西县支队经过侦察，发现一群长期盘踞在克什克腾旗的土匪正在往南土城子一带溃逃。

林西县支队想要和克什克腾旗经棚支队两面夹击消灭这群土匪，就必须在两个小时之内将行动计划送到30公里之外的经棚支队。

情况万分火急，骑兵通讯班班长将这个艰巨的任务交给了最信任的郭俊卿。天黑路险，郭俊卿没有丝毫犹豫，迅速骑上一匹快马出发了。她胆子大，骑术精，到封锁线时，马绳一动、马鞭一扬，扳着马脖子，人躲到马肚下，飞也似的冲了出去。这一招"蹬里藏身"，让她安然躲过敌人的子弹，毫发无伤。

夜色浓重，大雪弥漫，郭俊卿骑着快马在山沟里不停地奔驰跋涉，她提前赶到了巴林草原东部的白音木图。而来回60公里不停歇的奔跑，却让快马累死在了途中。郭俊卿就背着马鞍，一路跑了十多公里山路，才回到驻地。因为太过疲惫，刚到部队，郭俊卿就晕了过去。

自那以后，郭俊卿时常独自一人，骑马冲过敌人的封锁线，传送紧急公文和命令。谁能想到，一个雪夜奔驰、身手敏捷穿过敌军火线的小战士，其实只是个十五六岁的小姑娘。

1947年6月25日，在班长顾海林的介绍下，16岁的郭俊卿加入了中国共产党。到此时，郭俊卿女扮男装已经快两年了，她和男战士一样，冲锋陷阵，出生入死。

平泉的激烈战斗

1948年2月，郭俊卿被调到第九十四团三连四班，担任班长。5月25日，第九十六团六连班长董存瑞，为了拿下河北隆化中学（后更名为"存瑞中学"），手托炸药包，炸毁了桥形暗堡，用19岁的生命为部队打开了一条通往胜利的道路。

河北隆化解放后，盘踞在平泉的国民党军如惊弓之鸟，准备弃城向承德方向逃窜。郭俊卿所在的三连四班与六班一起，承担了攻占平泉县城左第二道山梁制高点的重大任务。冲锋号吹响了，郭俊卿举着鲜艳的红旗带队冲锋在最前面，三个战斗小组紧跟着她。敌人的火箭炮、山炮、重机枪响成一片，敌机也从天空俯冲扫射。惨烈的战斗中，副班长不幸中弹牺牲。这彻底点燃了郭俊卿内心的

1950 年 9 月 25 日至 10 月 2 日，新中国首次全国战斗英雄和劳动模范代表会议在北京召开，部分女英模在中南海留影。右三为郭俊卿

怒火，她高喊着"为副班长报仇！"端起刺刀冲向山梁。只有 17 岁的郭俊卿，面对身体强于自己的敌人，毫不畏惧，与敌人展开了拼杀。在她的指挥和鼓舞下，战士们英勇杀敌，从两边包抄上去，把敌人打退，占领了阵地。平泉守敌一看阵地失守，抱头逃窜。战争胜利了，平泉获得了解放。之后的日子里，郭俊卿不畏艰险，身先士卒，奋勇杀敌，在大大小小的战斗中屡建奇功。战火硝烟将郭俊卿淬炼成了一名钢铁战士。

1950 年，郭俊卿旧病复发，住进了医院。这一次，她再也无法隐瞒自己女性的身份，只得向医生说出实情。入伍五年，立下多次战功的野战部队副指导员，竟然是位女兵！这个爆炸性的消息，很快就在全军引起了轰动。军长贺晋年听到郭俊卿女扮男装的消息后，感慨道："真是当代的花木兰啊，是我们四十八军的骄傲。"

1950 年 9 月 25 日至 10 月 2 日，只有 19 岁的郭俊卿出席了在北京召开的全国战斗英雄和劳动模范代表会议，毛主席评价她："巾帼不让须眉，是一位合格的共产主义战士。"

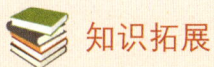 知识拓展

百团大战

百团大战是指抗日战争时期八路军在华北地区向日、伪军发动的战略性进攻战役。

1940 年 8 月至 1941 年 1 月，朱德、彭德怀指挥八路军第一二九师、晋察冀军区、第一二〇师等部共 105 个团 20 余万人，在华北地区发动震惊中外的百团大战。8 月 20 日至 9 月 10 日为第一阶段，中心任务是交通总破袭，重点摧毁正（定）太（原）铁路，使日军在华北的主要交通线陷入瘫痪。9 月 22 日至 10 月上旬为第二阶段，重点攻击交通线两侧及根据地内的日、伪军据点，进行榆（社）辽（县）、涞（源）灵（丘）、

任（丘）河（间）大（城）肃（宁）战役及对德石、济邯、同蒲等交通线的破击战。10月上旬至1941年1月为第三阶段，主要是反击日伪军对太行、太岳、平西、北岳、晋西北等抗日根据地的大规模报复"扫荡"。

八路军百团大战历时5个多月，计进行大小战斗1800余次，歼灭日、伪军4.6万余人，攻克据点2900余个，破坏铁路470余千米、公路1500余千米，破坏桥梁、车站、隧道260多处，缴获枪5800余支（挺）、火炮53门。此役，给日伪军以沉重打击，提高了中国军民抗战的斗志，增强了战胜日本侵略者的信心。

第二编
自力更生，发愤图强

在社会主义革命和建设时期，中国共产党团结带领全国各族人民，自力更生，发愤图强，建立了社会主义的基本制度，初步建立了独立、完整的工业体系和国民经济体系。

甘于平凡、坚守初心，在建设社会主义的伟大事业中，在各条战线上，涌现了一大批顽强奋斗的英雄人物、一大批忘我奉献的先进模范，他们以坚强的党性，默默地奉献，构建起抗美援朝精神、"铁人"精神、焦裕禄精神等中国共产党人的精神谱系，锤炼出共产党人鲜明的政治品格，成为鼓励吾辈奋进之力量。

1 杨根思：战火淬炼的特级英雄

杨根思（1922—1950），江苏泰兴人。1944年参加新四军。1945年加入中国共产党。曾获"爆破大王""华东一级人民英雄"等称号。1950年参加中国人民志愿军入朝作战，任第九兵团某部连长。11月29日，在长津湖战役中壮烈牺牲。被中国人民志愿军总部授予"特级战斗英雄"称号。生前所在连被命名为"杨根思连"。

杨根思

杨根思，本名羊庚玺，1922年出生于江苏泰兴，1944年入伍，他是新中国第一位特等功臣和特级战斗英雄，其生前所在连队被志愿军总部命名为"杨根思连"。

从"战斗模范"到"战斗英雄"

1944年3月，苏中新四军在抗日根据地扩军，羊庚玺以五官乡基干民兵的身份加入了新四军。新兵登记时，部队工作人员将他的名字"羊庚玺"误写成"杨根思"。初入新四军，杨根思就以执着坚韧的钉子精神，勤学苦练战斗技能。为提高投弹准确率，他将教练手榴弹整天带在身边，一有空闲就投入练习，即便手臂练肿双腿练瘸也咬牙坚持。在转战苏中抗击日、伪军的战斗中，杨根思逐渐成长为一名勇猛善战的战斗员。

1945 年 6 月，国民党军兵分三路向浙江孝丰进逼，新四军后撤，国民党军分兵冒进，与新四军交火。作战中，杨根思用两枚手榴弹炸掉敌人重机枪扼守的哨口，为新四军开辟了进攻的道路。战斗结束后，他被评为团"战斗模范"，第一次立功。同年 11 月，杨根思加入中国共产党。

1946 年 6 月，在攻打山东泰安天主堂的战斗中，杨根思的脸被子弹击中，血肉模糊，班长连眼睛一块儿给他包扎上。在班长的指挥下，蒙着眼睛的杨根思扔出去 2 颗手榴弹，精确命中目标，最终他用 18 颗手榴弹攻下了全城的制高点——天主堂。这场战斗后，杨根思首次获得"战斗英雄"称号。

"爆破大王"

1946 年 10 月 13 日，杨根思所在班领受了突击任务。入夜后，新四军向国民党守军前沿阵地进发，杨根思把拉雷送到国民党守军碉堡下，随即返回，几分钟过去后，拉雷没有反应。杨根思再次向碉堡送上拉雷，结果拉雷因受潮，依然没有爆炸。杨根思又从营部领回第三颗拉雷，再次送上拉雷，一声巨响，前两次送上的拉雷和这次的拉雷同时爆炸，国民党守军的碉堡被炸掉了一半，杨根思和战友们冲进浓烟中。战斗结束后，杨根思被授予"爆破大王"称号。

1947年1月，在齐村战斗中，国民党军守敌李玉堂旅在被新四军包围5天的情况下，企图依附工事据守待援。时任九班副班长的杨根思领受了团长下达爆破圆形大碉堡的任务。杨根思抱着炸药包冲到大碉堡前，放好后正要拉线，猛然听到碉堡里的敌人正吵嚷要投降，而领头军官不同意。杨根思当机立断，抱起炸药包跳入交通壕，飞起一脚踢开碉堡门，大喝一声："缴枪不杀，谁敢顽抗，通通报销！"说着，就做出要拉线的姿势，一看这阵势，碉堡内近一个排的敌人都乖乖地爬出来缴了枪。战后，杨根思被授予"华东一级人民英雄"称号。

此后，杨根思又参加渡江战役和上海战役，立下新的战功，被提升为三连副连长。1949年5月，杨根思参加全军首届英模大会，被评为"一级战斗英雄"，同时被提拔为连长。

杨根思南征北战，屡立战功，为新中国的解放做出了突出贡献，1950年9月被评为"全国战斗英雄"，由上海到北京出席全国战斗英雄和劳动模范代表大会，受到了毛泽东主席和朱德总司令的亲切接见。

勇士辉煌化金星

　　1950 年 10 月，杨根思参加中国人民志愿军随部队赴朝作战，任第九兵团某部连长。11 月，中朝军队发起了第二次战役，志愿军第九兵团在朝鲜战场东线担任作战任务，发起对进至长津湖地域的美国海军陆战第一师、步兵第七师的分割围歼战。11 月 28 日，杨根思奉命率本连第三排战士执行攻占并坚守咸镜南道长津郡下碣隅里外围"1071 高地"东南——小高岭阵地的任务。小高岭是美军陆战一师南逃的唯一通道，也是志愿军必守的要地。

中国人民志愿军入朝作战

11 月 29 日，战斗持续了一整天，当成功击退美军第八次疯狂进攻后，全排只剩下杨根思和另一位受伤的战友，杨根思命令战友迅速撤离。当时，杨根思独立小高岭之巅，他捡起一支可用的步枪和一包炸药放在身旁，隐蔽起来，两只眼睛紧盯着山下，监视敌人。这时，美军又开始向小高岭倾泻炮弹，发起了第九次攻击。在敌军蜂拥而上，逼近山顶的危急关头，杨根思毅然抱起那包炸药包，拉燃导火索，冲向密集的敌群。随着震天动地的巨响，他与 40 多个敌人同归于尽，壮烈牺牲。

杨根思用生命阻挡住了敌人又一次进攻，保住了阵地，完成了切断敌军退路的阻击任务。

杨根思用 28 岁的年轻生命诠释了"人在阵地在"的誓言。杨根思牺牲后，被追授"特级战斗英雄"称号，杨根思所在连队被命名为"杨根思连"，该连三排被命名为"杨根思排"。1953 年 6 月 5 日，朝鲜民主主义人民共和国最高人民会议常任委员会追授杨根思"朝鲜民主主义人民共和国英雄"称号，同时追授"一级国旗勋章"和"金星奖章"。中国人民志愿军司令员彭德怀赞誉他是"中国人民的优秀儿子，国际主义的伟大战士，志愿军的模范指挥员"。

 知识拓展

习近平总书记谈伟大抗美援朝精神

抗美援朝战争锻造形成的伟大抗美援朝精神，是弥足珍贵的精神财富，必将激励中国人民和中华民族克服一切艰难险阻、战胜一切强大敌人。

——2020 年 10 月 19 日，习近平总书记在参观"铭记伟大胜利 捍卫和平正义——纪念中国人民志愿军抗美援朝出国作战 70 周年主题展览"时的讲话

在波澜壮阔的抗美援朝战争中，英雄的中国人民志愿军始终发扬祖国和人民利益高于一切、为了祖国和民族的尊严而奋不顾身的爱国主义精神，英勇顽强、舍生忘死的革命英雄主义精神，不畏艰难困苦、始终保持高昂士气的革命乐观主义精神，为完成祖国和人民赋予的使命、慷慨奉献自己一切的革命忠诚精神，为了人类和平与正义事业而奋斗的国际主义精神，锻造了伟大抗美援朝精神。

——2020 年 10 月 23 日，习近平总书记在纪念中国人民志愿军抗美援朝出国作战 70 周年大会上的讲话

2 黄宝妹：一辈子只为"全国人民穿好衣"

黄宝妹，女，1931 年生，上海市浦东高桥人。13 岁入日资裕丰纱厂（国棉十七厂的前身），一直在厂内工作到 1986 年退休，历时 42 年。1953 年成为全国劳动模范。曾任原上海第十七棉纺织厂工会副主席，党的八大代表。退休后参与多地多个棉纺厂建设，参加"百老德育讲师团"。黄宝妹是新中国纺织工人的优秀代表，国家发展的见证者、参与者、奉献者。

黄宝妹

从 13 岁在日资纱厂当童工，到先后七次被评为上海市、纺织工业部和全国劳动模范，再到如今当主播、为年轻人讲党课，耄耋之年荣获"七一勋章"的黄宝妹，是中国共产党领导下的新中国发展的"见证者、参与者、奉献者"。

"要为人民拼命纺纱"

1931年，黄宝妹出生于上海，父母殷殷期待，为她取名"宝妹"。可惜的是，内忧外患之时，又有哪一个人可以当"宝贝"？

1944年，13岁的她进入日本人开的裕丰纱厂当童工。"那时候，每天工作12小时，终日不见阳光，腰酸腿疼不说，手指也常被纱勒出血。纱线断了不接，还要被'拿摩温'（工头）殴打。晚上要被抄身之后才能回家。"黄宝妹说。

1949年5月27日，上海解放。"神兵天降，马路上到处是解放军。"黄宝妹回忆道。在上海国棉十七厂，她迎来了重生，"当时我想，既然共产党是为人民服务的，纺纱也是为人民服务，所以我就拼命干、拼命干。"

那时物资匮乏，上海纺织业又占据全国半壁江山，纺织厂算算账，"浪费一两皮辊花，等于三碗白米饭"。黄宝妹作为一名挡车女工，想方设法要减少纺纱过程中皮辊花的浪费。她探索出"单线巡回、双面照顾、不走回头路"的操作法，在全厂推广，不仅能节省三分之一人力，还可以让机器实现24小时不停运转。推广后，工厂实行了8小时工作制。

当时，在十七厂所有女工里，就数黄宝妹的皮辊花出得最少、浪费最少，她纺的 23 支纱只有 0.3% 的皮辊花。因为工作表现突出，黄宝妹从上海数十万名纺纱工人里脱颖而出，1953 年成为纺织工业部劳动模范。1956 年与 1959 年，她又两次被评为全国劳动模范。

"1956 年，我在上海见到了毛主席。毛主席问我是做什么工作的。我说，我在纺织厂。毛主

"七一勋章"获得者黄宝妹

席说，纺织厂好，全国人民穿衣服，要靠你们了。"联想起自己坐火车去北京参加会议的路上，看到农民们只能赤膊在田里种庄稼的情形，黄宝妹将这句话当成了毕生的坚守：为民纺纱。

26 岁那年，组织曾任命黄宝妹当干部。几天下来，她"浑身不舒服"，郑重提出回车间。黄宝妹一直相信"专业精神"，"我的岗位，永远在车间里"。1986 年底，在车间工作了 40 多年后，55 岁的她从这里退休。

20 世纪 80 年代，黄宝妹还曾被"借调"到江苏启东协助开办聚南棉纺厂。那时棉纺原料和机器设备异常紧俏，

黄宝妹上北京、去青岛，没日没夜为企业奔走。当她三年后离开时，这个乡办小厂已经非常红火了。退休后，她继续发光发热，参与多地多个棉纺厂建设，免费去帮忙。

如今，黄宝妹从"黄姑娘""黄妈妈"变成一头银发的"黄奶奶"，她又找到了发光发热的新路子——给后生晚辈讲党史。"'七一勋章'挂在胸前很沉，它代表着一种精神力量，代表着党员肩负的使命。"黄宝妹说，"我就是一名普通的工人，从没想过党和国家会给我这么高的荣誉。我现在身体还可以，要继续扎根上海基层社区，做到生命不息、奋斗不止。"

（周琳：《新中国第一代劳模黄宝妹：一辈子为民纺纱》，新华社 2021 年 7 月 25 日。有删改）

 知识拓展

劳模——引领新中国奋斗的"精神力量"

中华人民共和国成立以来，共进行了 16 次全国范围劳模表彰，总计表彰劳模先进个人超过 3 万人次。通过表彰、宣传这些劳动模范，引领全国人民投入社会主义建设。

1950 年，新中国第一次评选全国劳动模范和先进工作者，主要对象来自工业、农业和军队等行业和领域。中华人民共和国成立初期的 4 次劳模表彰会议，表彰重点从工农兵转移到工

业战线先进人物，再到文教战线先进人物，这与当时中国恢复生产、发展工业、提高劳动力生产水平的需要紧密呼应。

改革开放前后，中国出现了劳模表彰第二次高潮。党的十一届三中全会胜利召开后，随着党和国家工作重心逐渐向经济建设转移，"生产力"标准成为当时劳模评选主要标准。在明确"知识分子是工人阶级的一部分"之后，以"杂交水稻之父"袁隆平、数学家陈景润等为代表的知识分子和科研人员占劳模队伍比例不断扩大。

随着中国改革开放不断深入，劳模表彰的评选方式更加科学民主、标准更加合理、范围更加广泛，中国劳模评选表彰进入常态化、制度化。特别是从 1995 年开始，固定为每五年召开一次全国劳动模范和先进工作者表彰大会，劳模表彰的名称、频次、人数等趋于稳定。

近年来，中国经济社会发生巨大变化，新行业、新业态不断出现，知识型、技能型、创新型人才受到关注。

3 马海德：人民卫生事业的先驱

马海德（1910—1988），祖籍黎巴嫩，生于美国纽约州布法罗市。1933年来到中国。1936年到访陕北，同年加入红军，后任军委总卫生部顾问。1937年加入中国共产党，参与筹建陕甘宁边区医院、白求恩国际和平医院等。新中国成立后，致力于性病和麻风病的防治和研究。1950年，正式加入中国国籍，并担任卫生部顾问。历任第五届全国政协委员，第六、七届全国政协常委。

马海德

马海德原名沙菲克·乔治·海德姆。1910年9月26日，马海德出生在美国纽约州的一个贫苦家庭。他8岁那年，全家人都感染了严重的流感，一位善良的老医生为他们免费治病并留下食物，马海德一家才渡过了难关。因此，马海德立志长大后做一名医生，为穷人解除病痛。

在瑞士日内瓦医科大学取得博士学位后，1933 年 11 月马海德来到中国上海，在九江路开了一间诊所。在上海期间，马海德结识了史沫特莱、路易·艾黎等外国进步人士，并经他们介绍认识了宋庆龄。通过阅读史沫特莱写的《中国红军在前进》，马海德对中国共产党领导下的苏区革命与生活十分向往。

1936 年春，中共中央希望邀请两位关注中国革命的国际友人到陕北苏区进行实地考察报道、帮助改善根据地的医疗条件。7 月，在宋庆龄的安排下，马海德与美国记者埃德加·斯诺穿过国民党的重重封锁到达延安。在长达 3 个月的采访考察中，马海德亲眼看到陕甘宁苏区在国民党的严密封锁下缺医少药、物质贫乏，但党群关系良好、军民团结、战斗精神昂扬。对毛泽东等中共领导人的访谈，进一步加深了马海德对中国革命的过去、现状的了解，增进了他对中共抗日救国等主张的认同。他确信中国共产党是改变中国的真正力量。考察结束后，马海德决定留在苏区，并写出了《苏区医疗卫生工作考察报告》，对苏区医疗条件的改善、医生素质的提高等方面提出了针对性的改进意见。毛泽东对这份实事求是的报告非常满意，并任命马海德为中央革命军事委员会卫生顾问。

马海德还是中央领导同志的保健医生，在与毛泽东等

马海德（右）与夫人苏菲在延安与苏联医生阿洛夫合影

领导人的密切接触中，马海德的思想受到他们潜移默化的影响。他感叹道："我对他们是身体保健，他们对我是思想保健，还是我太幸运了。"作为随军医生，马海德在战场上亲眼看到红军指战员们舍生忘死、英勇战斗。他为中国共产党带领下的中国人民争取解放的伟大事业所感动，更加坚信中国的未来和希望就在这些怀抱坚定信念、不惜流血牺牲的中国共产党人身上。马海德逐渐建立起坚定的共产主义信仰，1937 年，他加入了中国共产党，从一个中国革命的外国旁观者转变为亲身参与者。

1936 年 8 月，马海德在宁夏豫旺堡考察，由于他会说一些阿拉伯语，且经常为群众看病，受到当地回民群众的欢迎和尊重。回民中有很多人姓"马",为了更好地融入回民群众,他后来也将自己的名字改成了马海德。那时,马海德一边行医考察,一边帮助红军做群众工作,他积极宣传"停止内战,一致对外""欢迎回民群众当红军"等主张。

1937 年抗日战争全面爆发,马海德在战火中负责筹建了卫生部直属医疗所、陕甘宁边区医院以及八路军军医院。他广泛争取国际援助、利用边区现有资源筹建八路军制药厂,想方设法缓解苏区医疗物资的紧缺状况。他还定期举办学习班培训医务人员,大大提高了对红军伤病员的救治能力。在他的努力下,根据地逐渐建立起总计约 1.18 万张床位的医疗卫生网络。医疗救护能力的提升,为中国革命保存了有生力量,为抗战胜利提供了有力保障。

为争取国际社会的同情帮助、获得必要的物资支援,马海德帮助新华社成立了英文部,向世界宣传中国共产党的抗日主张,介绍敌后抗战中军民艰苦抗日的情况。他还每日用英文记录电台接收到的国际消息,再由新华社翻译成中文供毛泽东参考。马海德多次参与接待白求恩、柯棣华、米勒等外国医生援华医疗队,参与接待美军观察组以及外国记者等,并利用一切机会向他们讲述自己的亲身经历和所见所闻,起到了很好的宣传效果。1946 年 1 月,中国共产党、中国国民党和美国代表团三方,在北平组成了军事调处执行部。马海德名义上作为中共代表团的医疗顾问参加军调处的工作，实际上负责为备忘录的英文翻译文本进行把关。他还向美国代表团揭露国民党企图挑起内战的阴谋，介绍中国共产党为了制止内战、争取和平作出的努力。

新中国成立后不久，马海德加入了中国国籍，成为第一位加入中华人民共和国国籍的外国人。他被任命为中央人民政府卫生部顾问。新中国的卫生事业百废待兴，马海德专门选择"中国最需要的、最麻烦的、最脏的、医生最不愿意去看的"性病和麻风病作为自己主要攻克的领域。

为了消灭性病，他带领医疗队奔波各地，用了近 10 年时间，做了大量工作。后来，中国在全国范围内消灭了性病的消息震惊全世界，马海德功不可没。

为实现消灭麻风病的目标，马海德积极奔走，共出访18 次，为麻风病防治争取到了更多资金和医疗设备。他与美、日以及欧洲国家联系，并请它们对口支援中国有麻风病防治任务的省区，提供交通工具、医疗器械及人员培训等援助。这种方法是马海德的创举，在实际工作中取得了很好的效果。

马海德在中国共产党思想与事业的感召下，成了扎根中国的"最美奋斗者"。1988 年，马海德因病去世，终年78 岁。

 知识拓展

"军歌之父"郑律成

郑律成，原名郑富恩，1914 年 8 月 13 日出生于朝鲜全罗南道光州（今属韩国）。郑律成是中国近现代历史上继聂耳、冼星海之后又一位杰出的优秀作曲家、中国无产阶级革命音乐事业的开拓者，他被誉为"军歌之父"。

小时候郑律成患有口吃，但被发现有音乐天赋，于是开始学习小提琴。因朝鲜半岛已于 1910 年沦为日本的殖民地，朝鲜民族解放运动中心转移到中国，1933 年，郑律成来到南京，参加了朝鲜人的抗日革命组织"义烈团"，开始了一边革命、一边学习音乐的生活。郑律成三个哥哥都参加了民族解放运动，大哥和二哥是中共党员，在斗争中献出了生命。

1937 年 10 月郑律成来到延安，先后进入陕北公学、鲁迅艺术学院音乐系学习。1938 年任中国人民抗日军政大学音乐指导、鲁迅艺术学院声乐教员。1939 年 1 月加入中国共产党。他创作了《延安颂》《延水谣》《保卫大武汉》《生产谣》《寄语阿郎》《十月革命进行曲》等诸多作品，其中与诗人公木合作的《八路军进行曲》影响最大，该作品后更名为《中国人民解放军军歌》。1950 年，郑律成正式加入中国国籍，定居北京。1976 年 12 月 7 日，郑律成因病去世。

2009 年，郑律成入选"100 位为新中国成立作出突出贡献的英雄模范人物"。

4 焦裕禄：县委书记的榜样

焦裕禄（1922—1964），山东淄博人。1946年1月加入中国共产党。1953年12月，焦裕禄到河南省兰考县工作，先后任县委第二书记、书记，时值兰考遭受内涝、风沙、盐碱"三害"，粮食产量降到历史最低水平，他带领全县干部和群众同自然灾害进行顽强斗争，使兰考贫困面貌大为改观。1964年5月14日，焦裕禄因病逝世，年仅42岁。他鞠躬尽瘁死而后已，被誉为"县委书记的榜样"。

焦裕禄

"吃别人嚼过的馍没味道"

焦裕禄到兰考工作的那年，兰考全县的粮食产量下降到了历史最低水平，形势十分严峻。上任前，党组织与他谈话时提到，兰考是一个最穷的县、一个最困难的县，让他在思想上要有经受考验的准备。焦裕禄却说，不改变兰考的面貌，决不离开这里。

从到兰考的第二天起，焦裕禄就深入基层调查研究，他笃信"吃别人嚼过的馍没味道"，为了把兰考县1100平方公里土地上的自然情况摸透，他要亲自去"掂一掂"兰考的"三害"究竟有多少分量。县委先后抽调了120名干部、农民和技术员，组成一支"三结合"的"三害"调查队，在全县展开了大规模的追洪水、查风口、探流沙的调查研究工作。焦裕禄和县委其他领导，都参加了这次调研。他身先士卒、以身作则，风沙最大的时候，带头去查风口、探流沙；大雨瓢泼的时候，他带头蹚着洪水察看洪水流势；风雪铺天盖地的时候，他率领干部访贫问苦，登门为群众送救济粮款。他经常钻进农民的草庵、牛棚，同普通农民同吃同住同劳动。他忍着肝病的折磨，靠着自行车和"铁脚板"跋涉5000余里，调研了全县149个生产大队中的120多个，把所有的风口、沙丘、河渠逐个丈量、编号、绘图，制定了治理"三害"的科学规划。

"拼上老命，大干一场，决心改变兰考面貌"

在到任兰考县后，焦裕禄在笔记本上写下了自己的心声："拼上老命，大干一场，决心改变兰考面貌。"他是这样说的，也是这样做的。为了弄清一个大风口、一条主河道的来龙去脉，他经常不辞劳苦地跟着调查队，从黄河故道开始，越过县界、省界，一直追到沙落尘埃、水入河道，才肯罢休。在农民的茅庵、牛棚里，焦裕禄总结出了治理风沙的办法："贴膏药""扎针"。所谓"贴膏药"，就是把淤泥翻上来压住沙丘；所谓"扎针"，就是大规模栽种泡桐树。如今，栽种泡桐树已成为河南省的一个特色产业。

1964年春，正当兰考人民同风沙、内涝、盐碱的斗争朝着胜利方向前进的时候，焦裕禄的肝病却越来越重了。人们发现，无论开会、做报告，焦书记经常把右脚踩在椅子上，用右膝顶住肝部。他棉袄上的第二和第三个扣子是不扣的，左手经常揣在怀里。日子久了，他办公坐的藤椅右边被顶出一个大窟窿。县委的同志劝他去疗养，他笑着说："病是个欺软怕硬的东西，你压住它，它就不欺侮你了。"地委负责同志劝他住院治疗，他说："春天要安排一年的工作，离不开！"地委给他请来有名的中医诊断病情，开了药方，他却因为药费太贵，一直不肯买。他说："灾区群众生活很困难，花这么多钱买药，我能吃得下吗？"焦裕禄全心全意地投入到改变兰考面貌的斗争中，独自忍受了多大病痛，连他的亲人也不清楚。

"活着我没有治好沙丘，死了也要看着你们把沙丘治好"

1964年3月，兰考人民的除"三害"斗争达到高潮，焦裕禄的肝病也到了危急关头。躺在病床上的他，内心早已奔向那片正在被改造的土地。焦裕禄满怀激情地坐在桌前，写下"兰考人民多奇志，敢教日月换新天"，但文章只开了个头，病魔就逼他不得不放下手中的笔。县委决定强行送他到郑州的大医院治病，医生在诊断书上写下：肝癌后期，皮下扩散。死神留给他的时间只有几十天了。

县里有人来看他，他从不谈自己的病，而是先问县里的工作情况：张庄的沙丘封住了没有？赵垛楼的庄稼淹了没有？秦寨盐碱地上的麦子长得怎么样？老韩陵地里的泡桐树栽了多少？他还嘱咐同志们："回去对县委的同志们说，叫他们把我没有写完的那篇文章写完；还有，把秦寨盐碱地上的麦穗拿一把来，让我看看。"

1964 年 5 月 14 日，焦裕禄永远地离开了他深爱的这片土地。临终前他对组织唯一的要求就是死后"把我运回兰考，埋在沙丘上。活着我没有治好沙丘，死了也要看着你们把沙丘治好"。

"百姓谁不爱好官？把泪焦桐成雨。"焦裕禄带领干部群众治理风沙、内涝、盐碱"三害"，用实际行动塑造了优秀共产党员的光辉形象，他亲民爱民、艰苦奋斗、科学求实、迎难而上、无私奉献的崇高精神铸就了人民心中一座伟大的丰碑。

 知识拓展

学习弘扬焦裕禄精神，习近平总书记这样寄语

一直以来，习近平总书记都将焦裕禄视作榜样，要求党员干部努力做焦裕禄式的好党员、好干部，并作出一系列重要论述：

"我们这一代人都深受焦裕禄精神的影响，是在焦裕禄事迹教育下成长的。我后来无论是上山下乡、上大学、参军入伍，还是做领导工作，焦裕禄同志的形象一直在我心中。"

"焦裕禄同志的事迹归结到一点，就是坚定跟党走，他一生都在为党分忧、为党添彩。"

"我为什么对焦裕禄那么一往情深，就是因为我在上初中一年级时，当时宣传焦裕禄的事迹，我的政治课老师在讲述焦裕禄的事迹时数度哽咽，一度讲不下去了，捂着眼睛抽泣，特别是讲到焦裕禄肝癌最严重时把藤椅给顶破了，我听了很受震撼。"

"焦裕禄同志是人民的好公仆，是县委书记的榜样，也是全党的榜样。"

"要特别学习弘扬焦裕禄同志'心中装着全体人民、唯独没有他自己'的公仆情怀，凡事探求就里、'吃别人嚼过的馍没味道'的求实作风，'敢教日月换新天'、'革命者要在困难面前逞英雄'的奋斗精神，艰苦朴素、廉洁奉公、'任何时候都不搞特殊化'的道德情操。"

"亲民爱民、艰苦奋斗、科学求实、迎难而上、无私奉献的焦裕禄精神，过去是、现在是、将来仍然是我们党的宝贵精神财富，永远不会过时。"

5 王进喜："铁人"的坚毅和顽强

他是吃苦耐劳的实干家，也是科学求实的典范。在科技领域，他刻苦学习，以"识字搬山"的意志克服意想不到的困难，带领工人们以创造性的劳动，创出一个又一个优异的成绩。他始终坚持学以致用，带领工人们不断从实际需要出发搞技术革新。他就是被人们誉为"铁人"的王进喜。

王进喜

王进喜，1923 年 10 月 8 日出生于甘肃省玉门县赤金堡一个贫苦家庭。1929 年，玉门遭受百年不遇的灾荒，为了活命，6 岁的王进喜用一根棍子领着双目失明的父亲沿街乞讨。1949 年 9 月 25 日，玉门解放。1950 年春，王进喜通过考试成为新中国第一代钻井工人。从 1950 年春招工到 1953 年秋，王进喜一直在玉门老君庙钻探大队当钻工，他勤快，能吃苦，各种杂活抢着干。他说，党把我们当主人，主人不能像长工那样磨磨蹭蹭、被动地干活。1956 年 4 月 29 日，王进喜光荣加入中国共产党。入党后不久，王进喜担任了贝乌五队队长，带领贝乌五队在石油工业部组织的以"优质快速钻井"为中心的劳动竞赛中，提出了"月上千，年上万，祁连山上立标杆"的口号，创出了月进尺 5009.3 米的全国钻井最高纪录。1958 年 10 月，在新疆克拉玛依召开的石油工业部现场会上，余秋里部长、康世恩副部长把一面"钻井卫星"锦旗授予他，贝乌五队被命名为"钢铁钻井队"，王进喜被誉为"钻井闯将"。

没有条件创造条件也要上

1960 年春，我国石油战线传来喜讯——发现大庆油田，一场规模空前的石油大会战随即在大庆展开。王进喜从西北的玉门油田率领 1205 钻井队赶来，加入了这场石油大会战。全队自进驻马家窑后就开始大干苦战，房东老大娘发现王进喜一连几天半夜回来，天不亮就离开，不由感叹："整天整夜地拼，王队长真是个铁人啊！"这些称赞被汇报上去，王进喜成为探区的榜样，"铁人"的称号也从此传开了。一到大庆，呈现在王进喜面前的是许多难以想象的困难：没有公路，车辆不足，吃和住都成问题。但王进喜和他的同事下定决心：有天大的困难也要高速度、高水平地拿下大油田。钻机到了，吊车不够用，几十吨的设备怎么从车上卸下来？王进喜说："咱们一刻也不能等，就是人拉肩扛也要把钻机运到井场。有条件要上，没有条件创造条件也要上。"他们用滚杠加撬杠，靠双手和肩膀，奋战 3 天 3 夜，38 米高、22 吨重的井架迎着寒风矗立荒原。这就是会战史上著名的"人拉肩扛运钻机"。要开钻了，可水管还没有接通。王进喜振臂一呼，带领工人到附近水泡子里破冰取水，硬是用脸盆、水桶，一盆盆、一桶桶地往井场端了 50 吨水。经过艰苦奋战，仅用 5 天零 4 小时就钻完了大庆油田的第一口生产井。在重重困难面前，王进喜带领全队以"宁可少活二十年，拼命也要拿下大油田"的顽强意志和冲天干劲，苦干 5 天 5 夜，打出了大庆第一口喷油井。

用身体制服井喷

在随后的 10 个月里，王进喜率领 1205 钻井队和 1202 钻井队，在极端困苦的情况下，克服重重困难，双双达到了年进尺 10 万米的奇迹。在那些日子里，王进喜身患重病也顾不上去医院；几百斤重的钻杆砸伤了他的腿，他拄着双拐继续指挥；一天，突然出现井喷，当时没有压井用的重晶粉，王进喜当即决定用水泥代替。成袋的水泥倒入泥浆池却搅拌不开，王进喜就甩掉拐杖，奋不顾身跳进齐腰深的泥浆池，用身体搅拌。井喷终于被制服，可王进喜却累得站不起来了。

王进喜带领英雄的队伍，坚决与困难搏斗，成为石油大会战中的模范。他坚持创新思变，摸索出的许多经验在全国得到推广。

1965 年，王进喜任钻井指挥部副指挥。在了解国内外现实情况的基础上，"每人搞上半吨石油"成为王进喜心中更高的奋斗目标。然而，不怕苦不怕难的"铁人"却被病魔缠绕。1970 年 11 月 15 日，王进喜因病逝世。在生命的最后时刻，他还在关心工作进展，表现出的仍然是"铁人"的坚毅和顽强。

王进喜对待工作严谨认真，一丝不苟，经常向工人强调："干工作要为油田负责一辈子，要经得起子孙万代的检查。"王进喜身上体现出来的"铁人精神"，激励了一代又一代石油工人。铁人不仅是工人阶级的楷模，他更是一个为国家分忧解难、"独立自主，自力更生"、为民族争光争气、顶天立地的时代英雄。

 知识拓展

大庆石油会战

大庆石油会战开始的 1960 年，正值西方国家对我国实行经济封锁，我国国民经济陷入严重困难，国家各方面建设都需要油。因为缺油，工业严重"贫血"，一些工厂被迫停产。为解决这一问题，党中央作出了"坚定不移搞勘探，战略东移发

展天然油"的决定，准备加快松辽地区勘探和油田开发，集中石油系统力量，"来一个声势浩大的大会战"。

大庆石油会战所面临的自然条件十分困难。1960 年，大庆地区遭遇 40 年不遇的强降雨，天寒地冻中，大家一无房屋，二无床铺，还缺少雨衣雨鞋，只能冒着刺骨寒冷光脚在没膝深的水中作业。在最困难时，粮食、蔬菜都供应不上。

最艰巨的挑战是来自生产建设方面。几十台大钻机，在草原上一下子摆开了，设备不齐全、不配套，汽车、吊车很不足，没有公路，道路泥泞，供水、供电设备更不够。

在这种困难情况下，参加大庆石油会战的干部职工硬是鼓足干劲，苦干硬干，团结一致，千方百计战胜了困难。硬是靠几万人的革命干劲，采用人拉肩扛加滚杠的办法，把几万吨设备器材，从火车上卸下来。连五六十吨重的大钻机，也是用这种办法，拖到几千米外的井场上安装起来。

经过三年多的艰苦奋战，我国高速度、高水平地探明和建设了大庆油田，打了 1000 多口油井，建成了集油、输油、储油、注水、供电、机修、通讯、道路等八大系统工程，形成了年产 600 万吨原油的生产能力。

大庆石油会战的胜利，不仅打破了西方国家对我国的石油禁运和封锁，为我国摘掉了贫油的帽子，而且孕育了以"爱国、创业、求实、奉献"为主要内涵的大庆精神，展现出了中国工人阶级强烈的使命感和忠于党和人民事业的高尚情操，感动和教育了几代中国人。

6 邓稼先：
隐秘而伟大的"两弹元勋"

邓稼先（1924—1986），安徽怀宁人。中国共产党党员，九三学社社员，中国科学院院士，著名核物理学家，中国核武器研制工作的开拓者和奠基者。邓稼先是中国第一颗原子弹和第一颗氢弹的主要设计者之一，把中国国防自卫武器引领到了世界先进水平，被誉为"两弹元勋"。

邓稼先

少年英才

邓稼先于 1924 年 6 月 25 日出生于安徽省怀宁县一个书香门第的家庭，父亲邓以蛰是北京大学教授，母亲王淑蠲持家。自幼聪慧的他 12 岁时便插班考入了北平崇德中学初二年级，在英文、数学和物理方面打下了良好基础。

1941 年，邓稼先考入国立西南联合大学物理系。1945 年抗战胜利时，邓稼先从西南联大毕业。在昆明参加了共产党的外围组织民主青年同盟，投身于争取民主、反对国民党卖国独裁的斗争。翌年，他回到北平，受聘担任了北京大学物理系助教，并担任了北大教职工联合会主席，积极参与学生运动。抱着学更多的本领以建设祖国之志，1947 年，他顺利通过了赴美研究生考试，并于第二年 10 月进入美国普渡大学学习理论核物理。由于他学习成绩突出，1950 年 8 月，不足两年他便修满学分并通过博士论文答辩，此时他只有 26 岁，人称"娃娃博士"。

致力于祖国"两弹"

在美国获得博士学位后，他婉言辞谢了导师建议去英国发展的好意，毅然决定回国，回国后在中国科学院近代物理研究所工作。此后的 8 年间，他进行了中国原子核理论的研究，担任了原子弹的理论设计负责人，解决了中国原子弹试验成败的关键性难题。

1962 年 9 月，随着中国第一颗原子弹理论设计方案形成，一切终于将转向实战。

1963 年，邓稼先和一大批中国科学家一起，义无反顾地奔向了大西北。在海拔 3000 多米的戈壁滩上，荒无人烟，连一棵树都种不活，馒头一捏就是死疙瘩，米饭像沙子一样根本煮不熟。而就是在这样的环境中，邓稼先和千千万万名同事一起，日以继夜，忘乎生死地工作着。他们把"发奋图强"改了一个字，叫"发愤图强"。

1964年10月，离计划设定的试爆时间越来越近。在戈壁滩的基地上，每一名工作人员的神经都绷到了最紧，而作为方案的主要设计人，邓稼先的压力更是大到了极点。每一次实验，他都要面对无数人的提问和征询，"怎么样？""有把握吗？""还存在什么风险？"

1958年至1986年间，我国共进行了32次核试验，其中邓稼先在现场亲自主持了15次。凡是他作出的重大决策无一失误，因而被同事们称为"福将"。

其实，在"福将"的背后，堆积了许多常人无法体会的压力和辛劳。邓稼先曾开玩笑说："核试验起爆之前，

1964年10月16日，我国第一颗原子弹爆炸成功

技术负责人要签字负责，每次签字以后，就把脑袋别在裤腰带上了。"

1979 年，中国做了一次氢弹的空投试验，但是降落伞发生故障，氢弹直接摔在了地上，没有爆炸。

基地立刻派出 100 多名防化兵去寻找，最终找到了残骸——弹体都已经碎裂了。邓稼先坐不住了，他不顾个人安危，穿上防护服立刻赶往爆炸核心区，并且直接进入弹坑，仔细研究了原因，最终确认是因为降落伞包设计发生了问题，氢弹设计并没有出错。

虽然穿了防化服，但后来的检查结果显示：邓稼先的小便中带有放射性物质，肝脏破损，骨髓里也侵入了放射物。

虽然身体每况愈下，但邓稼先始终坚持在第一线。别人让他休养，他却认为是"浪费时间"。很多场实验，他不拿到最后结果坚决不走。当时邓稼先预感到，已经掌握实验室模拟核爆炸能力的美国和苏联，很快就会宣布全面停止核试验，以此限制中国核试验——中国尚没有这样的实验室能力。所以他一直在强调："时间不多了！要抓紧！要抓紧啊！"

1984 年，中国第二代核武器终于实验成功。邓稼先在兴奋之余，却也感觉到自己的身体撑不住了。那一年有一次开会，当着全体参会者的面，邓稼先说了一句："我现在是强弩之末了。" 1985 年，还想坚持工作的邓稼先被"勒令"送进医院。

1986 年 4 月，邓稼先的病情已经非常严重，但他还是强忍着病痛，和于敏一起合作完成了对中国核武器工程将来规划的《建议书》。

在《建议书》上交之后，"邓稼先"这个隐姓埋名 28 年的人，也终于开始解密。世人通过媒体的报道，终于知道中国的核武器发展背后，有过这样的一个人。

1986 年 7 月 29 日，邓稼先在弥留之际留下了三句话——

第一句是对妻子说的："苦了你了。"

第二句是对自己说的："永不后悔，死而无憾。"

第三句是对后人的嘱托："不要让人家把我们落得太远……"

当时的他，只有 62 岁。

"他就是个普通的人"

邓稼先并不是沉闷的"老学究"，熟悉他的人都知道：他看戏从不提前买票，也不到售票窗口等退票，而是在附近"物色"那些想转让戏票的人，屡屡成功；一套衣服一穿很多年，但始终干净、整齐，从不因为工作繁忙而有丝毫衣着邋遢的样子；带着一家子去下馆子，要排队，看着哪一桌子快吃完了，就赶紧过去站在旁边等着……

邓稼先喜欢看电影、听京剧、爱下馆子、抽烟、喝酒，普通人的生活爱好他都有，是个懂得享受生活的人，只是他的时间精力都投入到工作上了，没有多少时间享受那些。

九三学社中央委员、十四届全国政协委员许进是邓稼先的妻侄，他回忆说：邓稼先到北京几乎都是为了出差，有时可能会多待一点儿时间，在这难得的时间里，他通常一早会去外文书店看书买书，然后去岳父家吃午饭，有时还去北大看望一下他的父母……他就是个普通的人，有许多普通人的嗜好，他了不起的地方就在于，国家需要他的时候，他能够舍弃那些个人嗜好。

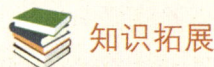 知识拓展

中国"氢弹之父"于敏

于敏（1926—2019），河北宁河（今属天津）人。1949年毕业于北京大学物理系。1980年当选为中国科学院学部委员（院士）。原中国工程物理研究院副院长、研究员、高级科学顾问。中国核武器研究和国防科学技术的学术带头人之一。在氢弹研制中，解决了热核武器的一系列理论和基础问题，开创性地提出了从原理到构型基本完整的设想，填补了中国原子核理论的空白，为氢弹突破做出了重大贡献。获1982年国家自然科学奖一等奖，1985年、1987年和1989年国家科学技术进步特等奖。1999年获中共中央、国务院、中央军委授予的"两弹一星"功勋奖章。获2014年度国家最高科学技术奖。2018年获"改革先锋"称号。

第三编

解放思想，锐意进取

党的十一届三中全会后，我国的发展进入新时期，党领导人民解放思想、实事求是，在把握历史前进的逻辑中前进，在顺应时代发展的潮流中发展。面对滚滚向前的世界大势，党领导人民开启改革开放的伟大航程，开创、坚持、捍卫、发展中国特色社会主义，使中国大踏步赶上了时代，交出了新时期中国共产党人的历史答卷。

新时期全部理论和实践充分证明：改革开放是决定当代中国前途命运的关键一招，中国特色社会主义道路是指引中国发展繁荣的正确道路。

1 胡福明：追求真理的思索者

胡福明（1935—2023），中国共产党党员，江苏无锡人，《实践是检验真理的唯一标准》的主要作者。1955 年至 1962 年先后就读于北京大学和中国人民大学，毕业后任教于南京大学政治系（后更名哲学系）。1982 年 11 月调至江苏省委工作，历任江苏省委宣传部副部长、部长，江苏省政协副主席等职。2023 年 1 月 2 日去世，享年 87 岁。

胡福明

学习是幸福的

胡福明，1935 年生，江苏无锡人。1955 年，胡福明成功考取了北京大学中文系。自小饱尝民生疾苦的他，曾梦想当一名作家，能为群众发声，于是他选择了新闻学专业。因为他认为，从事新闻工作可以深入了解社会，这是搞文学创作的基本要求。

　　但是，胡福明很快发现，新闻学并不适合自己。于是，他主动到哲学系去听选修课，自学哲学。毕业时，国家刚好要培养一批马克思主义理论工作者，为此要从应届生中选送有志学习的人继续深造。就这样，1959 年的夏天，胡福明被中国人民大学哲学研究班录取，从此再也没有离开过哲学。

　　哲学的灯塔照亮生活。他徜徉在深奥的哲学书籍里，甚至达到了忘我的境界。这个年轻的读书人，也许从未想过，在此阶段打下的深厚功底，多年以后激起了一场时代大潮。这是命运的偶然，或许也是历史的必然。

　　1962 年 12 月，面临毕业分配，中国人民大学的校领导多次找胡福明谈话，动员他留校。但因他想回南方，就申请分配到了南京大学任教。于是，胡福明的另一段人生开始了。

理论界的一声"春雷"

　　1962 年，胡福明进入南京大学政治系（后更名哲学系）任教。1977 年 8 月，他在南京大学南门的邮局向《光明日报》寄出了一篇稿子，这就是《实践是检验真理的唯一标准》的初稿。

　　2018 年是改革开放 40 周年。这一年，胡福明撰文回忆道："我为什么要写这个文章呢？那时候所谓的'天才论''顶峰论'仍然是理论界的指导思想。"他当时认为，中

发表在《光明日报》的《实践是检验真理的唯一标准》

国面临历史的伟大转折，不能再以阶级斗争为纲，不能再受"两个凡是"的禁锢，"我觉得要从思想上批判和否定这种理论。"于是，1976 年至 1977 年，他在《南京大学学报》上连续发表 4 篇文章。

1978 年 5 月 11 日，《实践是检验真理的唯一标准》一文在《光明日报》发表，成为在中国理论界炸响的一声"春雷"。它引发了全国"真理标准大讨论"，拉开了思想解放的序幕，催生了改革开放这场中国的第二次革命！

同年 12 月，党的十一届三中全会召开，全会批评了"两个凡是"的方针，高度评价了关于真理标准问题的讨论，确立了解放思想、实事求是的思想路线，作出把党和国家工作的重点转移到社会主义现代化建设上来的战略决策。

做学以致用的知识分子

1982 年 11 月，中共江苏省委决定调他到省委担任宣传部副部长。

书生从政后的胡福明，没有完全放下学校的教学科研工作。他持续关注经济社会发展的最新进展，陆续写出了《苏南乡村企业的崛起》《苏南现代化》等著作。

改革开放之初，苏南地区发展得很好，胡福明在江苏省社科院组织了苏南现代化课题组，对苏州、无锡、常州三市经济社会发展的现有水平和发展经验，作出系统的调查和评估。他认为，一个地区的社会主义现代化建设仅是全国的一部分，不可能单独发展，只能在全国的社会主义现代化建设范围内展开。但在经济、科技、教育、文化、卫生等方面可能先行一步。研究苏南率先现代化，对于探讨社会主义现代化建设规律很有意义。

2020 年 10 月 18 日，南京大学哲学系百年系庆的大会上，胡福明被颁发了最高贡献奖。他当时感慨："我要和大家讲心里话。哲学在我看来，学校是研究学习马克思主义最好的地方；而马克思主义的根本原则就是理论联系实际。哲学的根本使命，是把马克思主义和中国实践相结合！"

2023 年 1 月 2 日，胡福明因病逝世。南京大学教授杜骏飞为他敬书挽联："真国士也，一纸清明留风骨；其先生乎！十分贵重是精神。"

 知识拓展

"真理标准问题大讨论"在赣南

党的十一届三中全会前后，赣南和全国各地一样，围绕什么是真理、怎样检验真理展开了热烈的学习讨论，促进了赣州地区党员干部群众的思想解放。

赣州地区首先在宣传领域和领导干部中进行真理标准问题大讨论。讨论的内容侧重于理论学习，讨论的重点是解决思想观念问题。1978 年 11 月 17 日，《赣南通讯》（第 59 期）设置"实事求是"专栏。这个专栏先后十次编发有关"真理标准问题"大讨论的内容，集中介绍赣州地区讨论真理标准问题的情况。其次，通过举办赣州地区县（区）以上领导干部读书班，统一思想认识。1978 年 9 月，赣州地委举办了有 50 名县（市）以上领导干部参加的为期 20 天的读书会。

从 1978 年 9 月至 1980 年初，经过反复多次学习讨论真理标准问题，赣州地区打破了教条思想禁锢的枷锁，拉开了思想理论战线拨乱反正的序幕，推动了广大人民群众的思想解放和各方面工作的健康发展。这为开创赣州地区改革开放新局面奠定了扎实基础。

2 小岗村"大包干"带头人： 农村改革的先行者

他们胸无点墨，却以本能击破思想的禁锢；为了吃饱肚皮，他们"贴着身家性命"干事，后来却作为普通人跃上历史浪尖；他们在一纸惊世骇俗的契约上，按下十几个庄严的血指印，开启了亿万农民告别饥饿的一个新时代。他们就是获得"改革先锋""最美奋斗者"称号的安徽省凤阳县小岗村"大包干"带头人。

分田到户的"秘密契约"

1978 年安徽发生百年罕见的特大旱灾。那时的凤阳县小岗村，是出了名的"三靠村"——吃粮靠返销，生产靠贷款，生活靠救济。"泥巴房，泥巴床，泥巴锅里没有粮"，条件十分艰苦。小岗村原有 20 多户人家，到 1977 年底不论户大户小，户户外流；不论男人女人，只要能蹦跳的都讨过饭。队里的集体经济只剩下 3 间草屋、1 头耕牛、1 张

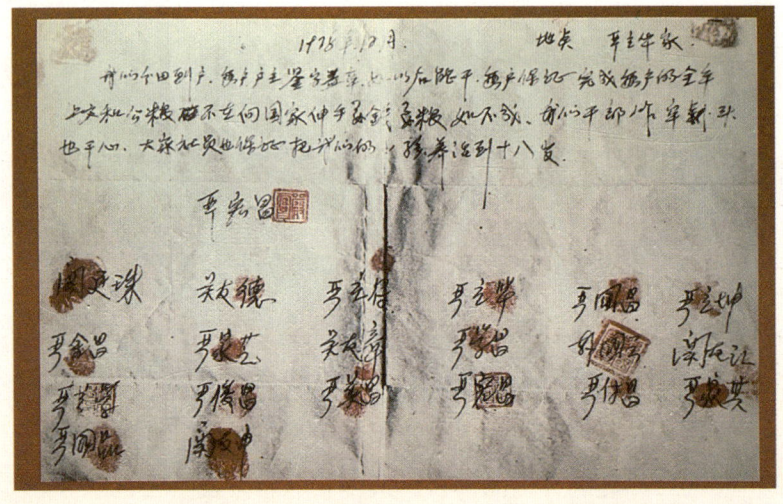

小岗村大包干的红手印

　　耙、1架犁了。

　　1978年12月的一个夜晚，小岗生产队的18户农民在茅草屋中召开会议，穷怕了的社员提出"干脆包干到户"，这一提议得到大家的赞同，并赌咒发誓，代表全队20户人家（两家户主在外讨饭未归）当场拟订了全国第一份农村生产队包干契约书："我们分田到户，家家户主签字盖章，如以后能干，每户保证完成全年上交的公粮，不再向国家伸手要钱要粮。如不成，我们干部坐牢杀头也甘心，大家社员们保证把我们的小孩养活到18岁。"他们在契约书上按上了18个鲜红的手印和3个印章，实行农业"大包干"。当晚，生产队的土地、耕牛、农具等按人头分到了各家各户，轰轰烈烈的"大包干"由此开启。

"大包干"的第二年，小岗村农民人均收入由22元猛增到400多元，全队粮食产量达13.3万斤，相当于1966年至1970年5年粮食产量的总和。自1956年起23年未向国家交一粒粮，年年还吃返销粮的小岗人，一下子向国家交售粮食2.5万斤。

拉开改革开放的序幕

小岗村的"大包干"如星星之火，第二年就燃遍了近5000万人口的安徽省大部分地区。此后，以"家庭联产承包责任制"命名的中国农村改革迅速在全国推开，给中国农村带来了巨大的变化。

正当包产到户的责任制遇到重重阻力的时候，邓小平以极大的勇气和魄力，给予了坚决支持。1980年4月，党中央召开经济发展长期规划会，邓小平在会上指出：甘肃、内蒙古、云南、贵州等省区的一些农村，生产落后，经济困难，应当实行包产到户。5月，邓小平又在《关于农村政策问题》的谈话中明确指出："农村政策放宽以后，一些适宜搞包产到户的地方搞了包产到户，效果很好，变化很快。安徽肥西县绝大多数生产队搞了包产到户，增产幅度很大。'凤阳花鼓'中唱的那个凤阳县，绝大多数生产队搞了大包干，也是一年翻身，改变面貌。有的同志担心，这样搞会不会影响集体经济。我看这种担心是不必要的。""总的来说，现在农村工作中的主要问题还是思想不够解放。"他对包产到户和大包干的肯定，对于联产承包农业生产责任制的推行，起了极为重要的推进作用。

1982 年，党的十二大对联产承包责任制作了充分肯定，指出："近几年在农村建立的多种形式的生产责任制，进一步解放了生产力，必须长期坚持下去，只能在总结群众实践经验的基础上逐步加以完善，决不能违背群众的意愿轻率变动，更不能走回头路。"实践使包产到户、包干到户完全站稳了脚跟，在理论上也彻底突破了以往的框框。

1983 年 1 月，中央发出《当前农村经济政策的若干问题》的通知指出："联产承包制是在党的领导下我国农民的伟大创造，是马克思主义农业合作化理论在我国实践中的

1984 年 10 月 1 日北京天安门广场国庆游行标语"联产承包好"

新发展"。到 1983 年底，全国农村以单位为主要形式的联产承包责任制已占农户总数的 90% 以上。

小岗村的大包干宛如平地一声惊雷，我国农村改革的序幕由此拉开，彻底打破"一大二公"的人民公社体制，解放了农村生产力，使我国农业发展越过长期短缺状态，解决了农民的温饱问题。18 枚红手印催生的家庭联产承包责任制，最终上升为我国农村基本经营制度。

这份按有血印的契约书，见证了中国农村经济改革的历史，透射出中国农民的伟大创举，在中国农村经济体制改革史上留下了光辉的一页。2016 年 4 月 25 日，习近平总书记到小岗村考察时指出："当年贴着身家性命干的事，变成中国改革的一声惊雷，成为中国改革的标志。"

 知识拓展

家庭联产承包责任制在赣南的建立

1979 年秋，赣南有的地方开始试行包产到户、包干到户的"双包"责任制（后被统称为"家庭联产承包"责任制）。至 1980 年夏，全区实行"双包"责任制的生产队已有 1000 多个，占全区生产队总数的 2%。

1980 年 8 月 14 日至 15 日，中共赣州地委常委以及有关部门的负责同志听取赴兴国、瑞金、定南等 3 个调查组汇报。

调查组一致反映：从调查情况来看，全区尤其是那些贫穷落后地方，绝大多数群众都要求坚持包产到户。群众反映包产到户是"驼背子下山、势不可挡""第一年解决吃饭，第二年解决用钱，第三年搞点基本建设"。

1981年1月22日，《人民日报》第一版发表了《江西三位地委书记谈体会，深入基层调查研究就有决心落实政策》的文章。文章中，时任中共赣州地委书记杜昭说："今年（赣州）推行哪种责任制，各地从当地实际出发，由生产队自行决定。对包产到户宜'疏'不宜'堵'，要让农民吃'定心丸'。"至12月底，全区"双包"到户面积已达到95%，成为全省推行"双包"责任制最早和发展最快的地区之一。

赣南农村全面推行"大包干"责任制后，不仅农村各业兴旺，而且推动了各项工作的顺利开展。1981年粮食总产突破了40亿斤，人均口粮达到537斤，结束了多年来吃返销粮的历史。

3 陈景润：进击的数学巨人

陈景润（1933—1996），著名数学家，中国科学院学部委员（院士）。福建福州人。厦门大学毕业。主要研究解析数论。1966 年发表《表达偶数为一个素数及一个不超过两个素数的乘积之和》，成为哥德巴赫猜想研究上的里程碑。被誉为"哥德巴赫猜想第一人"。

陈景润

　　1933 年 5 月 22 日，陈景润出生在福州的一个邮局职员家庭，他父母先后育有 12 个子女，但最后存活下来的只有 6 个。陈景润排行老三，上有兄姐，下有弟妹，加上他长得瘦小孱弱，故从小并不受父母欢喜。

　　在学校，沉默寡言、不善言辞的他也不受欢迎，时常遭人欺负，可偏偏他又生性倔强，从不曲意讨饶，不知不觉地形成了自我封闭的内向性格。

　　人总是需要交流的，特别是孩子。禀赋一般的孩子面对这种困境可能就此变成了行为乖张的木讷人，但陈景润没有。对数字、符号那种天生的热情，使得他忘却了人生的艰难和生活的烦恼，一门心思地钻进了知识的宝塔。他要寻求突破，要到那里面去觅取人生的快乐。

　　陈景润十分勤奋努力，一直到初中毕业，都保持了数学成绩全优的记录。解放后，陈景润考入福州英华书院念高中。在这里，他有幸遇见使他终生难忘的曾任清华大学航空系主任的沈元老师。

　　有一次，沈老师出了一道有趣的古典数学题：韩信点兵。大家都闷头算起来，陈景润很快小声回答："53 人。"全班为他的速度之快惊呆了，沈老师望着这个平素不爱说话、衣衫褴褛的学生，问他是怎么得出答案的。陈景润的脸羞红了，说不出话，最后是用笔在黑板上写出了方法。沈老师高兴地说："陈景润算得很好，只是不敢讲，我帮他讲吧！"

　　沈老师讲完，又向同学们介绍了一道世界数学难题："大约在 200 年前，一位名叫哥德巴赫的德国数学家提出了'任何一个偶数均可表示两个素数之和'，简称'1＋1'。他一生也没证明出来，便给在俄国圣彼得堡的数学家欧拉写信，请他帮助证明这道难题。欧拉接到信后，就着手计算。他费尽了脑筋，直到离开人世，也没有证明出来。之后，哥德巴赫带着一生的遗憾也离开了人世，却留下了这道数学难题。200 多年来，这个哥德巴赫猜想之谜吸引了众多的数学家，从而使它成为世界数学界一大悬案。"

　　沈老师讲到这里还打了一个有趣的比喻：数学是自然科学皇后，数学的皇冠是数论，"哥德巴赫猜想"则是皇冠上的明珠！这引人入胜的故事给陈景润留下了深刻的印象。"哥德巴赫猜想"像磁石一般吸引着陈景润。

　　从此，陈景润开始了摘取数论皇冠上的明珠的艰辛历程。

　　为了使自己梦想成真，陈景润潜心钻研，光是计算的草稿纸就足足装了几麻袋。经过 10 多年的推算，在 1966

1978 年 3 月 18 日至 31 日，全国科学大会在北京隆重召开

年，他发表了论文《表达偶数为一个素数及一个不超过二个素数的乘积之和》。论文的发表，受到世界数学界和著名数学家的高度重视和称赞。英国数学家哈伯斯坦和德国数学家黎希特把陈景润的论文写进数学书中，称之为"陈氏定理"。

对于陈景润的贡献，中国的数学家们有过这样一句表述：陈景润是在挑战解析数论领域250年来全世界智力极限的总和。中国改革开放总设计师邓小平曾经意味深长地告诉人们：像陈景润这样的科学家，"中国有一千个就了不得"。

1996年3月19日，陈景润带着对"1+1"冲刺而未竟的遗憾走了。1999年10月，国际小天体命名委员会把中国科学院北京天文观测中心发现的国际永久编号为"7681"的小行星（第一颗编号为素数的小行星）命名为"陈景润星"，以纪念这位伟大的数学家。

 **知识拓展**

哥德巴赫猜想

数论中著名问题之一。德国数学家哥德巴赫（Christian Goldbach, 1690—1764）1742年6月7日在给欧拉的信中提出。包括两个命题：（1）每个大于2的偶数都是两个素数之和；（2）每个大于 5 的奇数都是三个素数之和。其中命题（2）是命题（1）的推论。如果把命题"每一个大偶数可以表示成为一个素因子不超过 a 个的数与另一个素因子不超过 b 个的数之和"记为"a+b"，那么哥德巴赫猜想就是要证明命题"1+1"。20 世纪以来，外国和中国的一些数学家先后证明了"9+9""2+3""1+5""1+3"等命题。1966 年，中国数学家陈景润证明了"1+2"，即"任何一个充分大的偶数都可以表示成为一个素数与另一个素因子不超过 2 个的数之和"。这一成果被称为"陈氏定理"。

（《辞海》第七版缩印本，上海辞书出版社 2022 年版）

4 孔繁森：鞠躬尽瘁的人民公仆

孔繁森（1944—1994），山东聊城人。18 岁参军，1966 年加入中国共产党。先后两次作为援藏干部入藏，1994 年殉职。1995 年被追授"模范共产党员""优秀领导干部"称号。2009 年被评为"100 位新中国成立以来感动中国人物"。获得"改革先锋""最美奋斗者""全国民族团结进步模范"等称号。

孔繁森

心怀百姓

孔繁森第一次进藏时就知道那里地广人稀，医疗卫生条件极差，农牧区缺医少药。他很少往家里寄钱，工资都用来给当地群众买药、买营养品，不够时甚至还要搭上妻子、表弟寄来的钱。身边同事看到他如此辛苦，经常劝他多注意休息，别未给人看病自己就先倒下了。可他总说：

"群众患病得不到及时医治，自己着急、于心不忍啊！"

第二次进藏时，孔繁森任拉萨市副市长，分管文教、卫生和民政工作。1989 年，妻子和女儿陪孔繁森看望受灾后的两位困难老人波拉、姆拉。出发前他还专程到商店买了些食品。见老人衣着单薄，他就把外套脱下来给老人穿上，还对妻子说："庆芝，把你这件外套也送给姆拉吧！"

他常年把关心人民疾苦、改善当地医疗条件当作天职。在阿里任职近两年，他紧抓医疗卫生网点建设、改善乡村医务人员待遇、大力推广用中草药防病治病的方法。他深知西藏地区底子薄，仅靠自己的药箱不能彻底解决群

孔繁森在工作之余为牧民看病

众就医难题，但依然执着地带着药箱顺道为群众看病。时间长了，群众中便流传着这样一句话："地委有个会治病的大干部！"

1992 年 7 月，墨竹工卡县发生里氏 6.5 级地震，孔繁森率工作组在羊日岗乡地震废墟上发现 3 名孤儿：12 岁的曲尼、7 岁的曲印以及 5 岁的贡桑。鉴于灾后当地民政部门收养能力有限，他便把孩子带回拉萨抚养。一名藏族干部看他负担太重，便主动收养了大一点的曲尼。收养孤儿后，他的生活变得更加拮据，可他从未向组织叫过苦。他常说："西藏的老人就是我的老人，西藏的孩子就是我的孩子，西藏的土地就是我的家乡，我要用实际行动证明党的干部是真正为人民服务的。"

担当作为

通过对措勤、改则和革吉 3 个贫困落后县的实地调查，他看到当地丰富的畜牧和矿产资源优势，兴奋地对同行者说："随着社会主义市场经济体制的建立，我国经济必将进入一个新的快速发展时期，对原材料的需求将进一步增长。这对有着丰富资源的阿里来说，无疑是一个极好的发展契机。我们一定要抓住这个有利时机，加快阿里经济发展的步伐。"

在不到两年的时间里，孔繁森跑遍阿里 106 个乡中的 98 个，风干的牛羊肉和山上流下来的雪水成了他路途上的餐食。虽然艰苦，他却乐观对待一切，他风趣地对随行人员说："快尝尝，这是上等的矿泉水，高原没有污染，等我们开发出来了，让外国人花美元来买！"在他的努力带动下，本地的商店、饭店等纷纷开张，山羊梳绒厂、鱼骨粉加工厂、硼矿脱水厂、水泥厂等相继建立，经济水平有了显著提升。为了制定把阿里地区经济带上新台阶的规划，他准备在最有潜力的边贸、旅游等方面下功夫，并特意带领相关部门到新疆塔城考察边贸。

死亦无畏

1994 年初，阿里遭遇 50 年不遇的特大暴雪。他立即组织工作组赶赴灾区救济灾民。在海拔 5700 米的曲仓乡，气温降到历史最低点，当时他身染痢疾却仍在受灾点连续工作 16 个昼夜。2 月 26 日夜，他呕吐不止，意识逐渐模糊，偶尔清醒时给警卫员留下遗书并嘱咐："万一我发生了不幸，千万不能让我母亲和家属、孩子知道，请你每月以我的名义给我家写一封平安信……"第二天，昏迷一夜的他从死亡线上挺了过来。在西藏工作的 10 年中，这已是他第三次从死亡线上挣扎过来。在他的领导下，由于救灾及时，没有一个藏族群众因灾死亡，创造了阿里受灾救援历史上的奇迹。

1994 年 11 月 29 日，孔繁森在去新疆塔城考察边贸途中，发生车祸，以身殉职，年仅 50 岁。他去世后仅留下 3 件遗物：8 块 6 毛钱、一个旧收音机和 4 张"关于阿里发展的 12 个亟待解决的问题"稿纸——这就是他全部的遗产。

一副挽联道出了藏族群众对他的怀念："一尘不染，两袖清风，视名利安危淡似狮泉河水；两离桑梓，独恋雪域，置民族团结重如冈底斯山。"

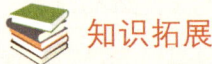 **知识拓展**

老西藏精神

自和平解放西藏以来，驻藏部队与地方赴藏干部、西藏各族群众一道，在和平解放西藏、建设西藏的伟大历程中，艰苦创业、英勇斗争，逐步锤炼形成特别能吃苦、特别能战斗、特别能忍耐、特别能团结、特别能奉献的"老西藏精神"。

"老西藏精神"是中国共产党的优良传统与西藏革命建设特殊实践相结合的产物，是驻藏部队几代官兵同西藏各族人民一道前仆后继、百折不挠、英勇奋斗凝结而成的宝贵精神财富。

70多年过去了，西藏发生了翻天覆地的变化，但"老西藏精神"从未因时代变迁而褪色。长期以来，一代又一代共产党员舍弃常人所拥有的、放弃常人所享受的，扎根雪域高原，矢志艰苦奋斗。从修筑川藏公路倒下的烈士，到年仅49岁就因公殉职的张贵荣将军，再到"一腔热血洒高原"的孔繁森、"雪域高原好军医"李素芝，等等，他们与千千万万个建设西藏的党员干部一道，在"老西藏精神"引领下，艰苦创业，使得西藏旧貌换新颜。

5 李向群：
从未远去的"新时期英雄战士"

李向群（1978—1998），海南琼山人。1996年12月入伍，广州军区某集团军"塔山守备英雄团"战士。1998年8月，他随部队赴湖北荆州抗洪抢险，并在抗洪抢险一线光荣加入中国共产党。他带病坚持抢险，终因劳累过度，壮烈牺牲，年仅20岁。被中央军委授予"新时期英雄战士"荣誉称号，为全军挂像英模之一。

李向群

一颗火热的爱心

李向群自小在家听话、孝顺，在学校勤奋好学、乐于助人。他常说："人要有五颗心：对祖国要有忠心，对社会要有爱心，对别人要有关心，对自己要有信心，对父母要有孝心。"

1992年3月5日，东山小学召开学雷锋动员大会。李向群拿上锤子、锯子、钉子，忙乎了好一阵子，修好了班里几张坏桌凳。他还和小伙伴商量成立学雷锋小组，李向群被选为组长。他一有空就带领学雷锋小组去打扫卫生。

街上住着一位孤寡老人，日子过得很艰难，缺钱少米，还常常生病。李向群把自己平时节省下来的7元钱送去给老人，学雷锋小组的同学也都纷纷捐钱。他们还从自己家里拿来柴米，帮老人劈柴烧水，打扫卫生，老人感到非常温暖。

李向群有一个同学叫林烈华，是个孤儿，生活很困难，上学全靠亲戚接济，一度想要辍学。李向群建议在班里开展向林烈华献爱心的活动，学校得知此事后也免了林烈华上学的各种费用，林烈华得以继续留校学习。

就这样，李向群一颗火热的爱心，执着地散发出光亮和温暖。1996年端午节，东山墟举行划龙舟比赛，李向群正在参加比赛，忽然传来惊叫声："有人落水了！"他立即飞身跃入水中，救起了落水儿童。同年，他又一次在南渡江救起一个不慎落水的人。

千锤百炼出熔炉

李向群家境富裕。中学毕业后，由于家里生意忙，李向群便回到家中帮忙，学习驾驶，跑运输。但由于内心的梦想，他常常把家里的生意放在一边，积极参加民兵营的训练，为了能早日穿上梦想的橄榄绿军装不懈地努力。

经两次应征，1996 年 12 月李向群光荣入伍，成为广州军区某集团军"塔山守备英雄团"九连一班的一名战士。1997 年上半年考核时，李向群的训练成绩在全营新兵中名列第一，受到营嘉奖一次；1997 年年终考核，李向群又获得军事训练满堂红，并被评为"优秀士兵"。

军营浓厚的学习氛围熏陶着李向群。参军不到两年，李向群记下了 5 万多字的读书笔记。李向群充分利用一切可以利用的时间，双休日别人聊天、看电视，他钻进图书室学习；晚上战友们入睡了，他还躺在床上学习。军营生活 20 个月，李向群一步步实现着人生的最大值：两次被评为全团训练尖子，两次被评为"优秀士兵"，一次荣立三等功。

1997 年初夏，广西桂林发生大洪水，部队奉命抢险。九连党员突击队正要登舟出发，在开船的一瞬，未入选突击队的李向群"腾"地跳了上去，最终与战友们一起执行了营救受困群众的任务。这一年，李向群向党组织递交了入党申请书。

血染荆江铸英魂

1998 年夏，回家探亲的李向群从电视里看到关于长江流域发生洪涝灾害的新闻，立即终止休假赶回驻守在广西桂林的部队，次日即随部队奔赴湖北省参加抗洪抢险。

8月14日，由于李向群在抗洪抢险中表现出色，经连队党支部大会讨论，一致同意接受他为中共预备党员。由于抗洪任务繁重艰巨，在此期间，李向群始终战斗在抗洪一线，即便身体已经出现不适，也不肯离开。8月17日下午，连续抗洪十几个小时没有休息的李向群突然晕倒，体温高达40℃。8月19日，正在输液的他听到部队紧急集合的哨音，立即拔掉输液管重返岗位，由于身体尚未恢复，在扛了数十包沙袋后再次晕倒。8月21日一早，李向群从病床上爬起来，趁指导员不注意，继续加入了抗洪队伍。装填沙土、运送沙袋……10时左右，他又一次踉跄着栽倒在大堤上。苏醒过来的他不顾大家劝阻，重回大堤，在坚持扛了20多包沙袋后，倒在大堤上，昏了过去。

李向群在抗洪抢险（油画）

李向群被送往医院后，刚半醒时便吃力地说："不要让我住院，我要上大堤……"由于极度劳累，李向群心力衰竭，肺部大面积出血，最终抢救无效，壮烈牺牲，年仅20岁。

 **知识拓展**

"雷锋式民兵"张建忠

　　张建忠，1969 年 9 月生于江西省龙南县桃江乡窑头村一个农民家庭。1985 年 7 月，张建忠加入共青团。1986 年，张建忠加入民兵组织。

　　1988 年初，张建忠成为龙南民兵应急分队的一名战士。他以高度的责任感，认真履行民兵的义务，曾多次奋不顾身参加扑火抢险，两次冒着生命危险勇擒歹徒，保护了国家财产和人民生命安全。

　　1989 年 5 月 21 日晚至 22 日，龙南连降暴雨，降雨量达167 毫米，域内最大的河流之一桃江，河水陡涨，水位不断上升。桃江乡窑头村旁有一条铁索桥面临多年未遇的严重威胁。这座桥梁一旦被冲毁，隔江数千群众进城的交通便会中断，每天数万斤蔬菜也无法及时运进县城。5 月 22 日凌晨，张建忠在抢运铁索桥的桥板时被卷入洪流中，壮烈牺牲。

　　1989 年 12 月 6 日，中共江西省委、省人民政府、省军区作出决定，追授张建忠"雷锋式民兵"荣誉称号。

6 王伟：铁血忠魂铸丰碑

"海空卫士" 王伟

他从航校毕业，主动要求到海军部队工作，选择去海南守卫祖国的南大门；他努力学习高科技知识，刻苦钻研飞行技术；他牢记使命，贴近实战，部队每次改装新机种，他总是第一个报名参加试飞；他为保卫祖国领空，被迫跳伞坠海，壮烈牺牲。他就是被中央军委授予"海空卫士"荣誉称号的王伟。

王伟，1968年4月生，浙江湖州人。十几岁时，王伟就树立了报国从戎的理想。1986年6月，他如愿成为一名军校飞行学员。1988年，因在校期间表现优异，他光荣地加入了中国共产党。1991年，王伟从航校毕业，主动要求到海军部队工作，选择去海南守卫祖国的南大门。

到部队后，王伟努力学习高科技知识，刻苦钻研飞行技术。他整理的训练笔记，常被打印成册，成为战友们的

人民空军巡航在祖国蓝天上

学习教材。他在全团率先将飞行理论和战术理论知识通过计算机编程，转化成形象逼真的图形，以增强学习效果。一本《国际航空飞行规定》被他翻阅得卷起了毛边，里面的重要条款，他都烂熟于心。

王伟牢记使命，贴近实战，部队每次改装新机种，他总是第一个报名参加试飞。有人劝他："一旦改装，又是从零开始，你又成了一名新飞行员。凭你这样的飞行技术，在别的部队早就干上大队长了。"王伟却不为所动。短短几年间，凭着对飞行事业的忠诚，王伟熟练掌握了驾驶 3 种新型战机的技能。

王伟有非常强烈的"前沿"意识，始终把目光盯在现代技术的制高点。团里成立战法研究小组，他第一个报名参加；团里的战法研究室，他去得最多。

在王伟看来，一个优秀的飞行员必须是智能型，不仅要会飞而且要会用脑飞，只有这样，才能夺取第一，因为战场上无亚军。

地面苦练，空中精飞，锻造了王伟矫健的"翅膀"。在15年的飞行生涯中，他安全飞行1152小时6分钟，起飞2000余架次，从未发生过"错、忘、漏"现象和事故征候，创造了一个又一个骄人的"第一"。

王伟所在的飞行团，是驻守在南海前哨的应急机动作战部队，跟踪监视美侦察机的任务非常繁重，也十分危险。这是飞行员技术和胆识的体现，也是对飞行员奉献精神的考验。王伟为了履行神圣的职责，维护祖国的尊严，从来没有考虑过个人的安危。

2001年3月31日晚，王伟从飞行中队给妻子阮国琴打电话说："队里人手紧张，我替别人顶班，今晚就不回家了。"阮国琴万万没有想到，这竟是他们夫妻的最后诀别。

4月1日8时36分，一阵急促的战斗警报声骤然响起，担负战斗值班任务的王伟和飞行员赵宇以百米冲刺的速度跑向战机。上升高度、调整航向、空中编队，而后全速向目标飞去……

几分钟后，王伟和赵宇发现左前方有一架大型飞机。他们向目标接近，很快判明这是一架正向我国海南岛三亚外海抵近的美国EP-3型军用电子侦察机。王伟、赵宇迅速调整航向，驾驶"战鹰"与美机同向同速飞行。飞行一段时间后，突然，美机大动作转向，向王伟的飞机撞压过来！美机左机翼外侧螺旋桨将王伟驾驶的飞机垂直尾翼打成碎片，王伟的战机呈右滚下俯状坠落。此时，从翻滚坠落的飞机上传来了王伟镇定的报告声："飞机控制失灵。"赵宇随即大声命令："跳伞！"然而，王伟再也没有回答。

王伟的战机悲壮地扑向大海，激起冲天巨浪，一只降落伞缓缓下落……

王伟落海后，军队及地方有关单位和人民群众展开了大规模的搜救行动。

4月14日，根据多方面的情况分析判断，王伟已无生还可能。这一天，海军党委作出决定，批准王伟为革命烈士。

4月16日，中央军委主席江泽民签署命令，授予王伟"海空卫士"称号。4月18日，共青团中央、全国青联作出决定，追授王伟"中国青年五四奖章"。

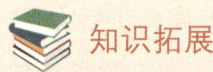 知识拓展

心向红旗，为国守岛

开山岛是我国黄海的前哨，整个岛只有两个足球场大，但是战略位置十分重要。

1986年，江苏省军区成立开山岛民兵哨所，王继才受组

织派遣前往开山岛，担起守岛重任。48 天后，妻子王仕花来到岛上，看到丈夫的一瞬间，眼泪夺眶而出。28 天后王仕花辞去工作，上岛与丈夫并肩值守。从此，王继才夫妇每天早上起来做的第一件事就是在岛上升起五星红旗。由于开山岛空气盐分大，国旗极易褪色和破损，守岛 32 年，他们自己掏钱更换国旗 300 多面。有一次，海上刮起 12 级台风，王继才为了把山顶的国旗降下来，一脚踩空，摔断了两根肋骨。

王继才夫妇每天升旗、巡岛、观天象、护航标、写日志……32 年来，从未中断过。

守岛不仅要面临单调枯燥的工作，有时还要与违法犯罪分子作斗争，在与违法犯罪的斗争中，王继才夫妇练就了"火眼金睛"，先后发现并协助公安边防部门破获了 6 起走私、偷渡案件。

一朝上岛，一生报国。王继才夫妇用 32 年如一日的执着坚守，让守岛报国的坚定信仰始终在心中闪闪发光，让鲜艳夺目的五星红旗始终在岛上高高飘扬。

2018 年 7 月，王继才在岛上执勤时突发疾病，不幸去世。七天后，王仕花郑重地向组织递交守岛申请："开山岛是我们的家，我要守护到底。"

第四编

自信自强，守正创新

英雄是催人奋进的灯塔，精神是永不熄灭的火炬。站在新时代的入口，道阻且长，行则将至；行而不辍，未来可期。

在历史与现实的交汇点，风高浪急，一批批青年共产党员挺身而出、栉风沐雨、初心如磐，在不同领域创造了丰功伟绩，不断推动着新时代中国从胜利走向胜利。

时代是出卷人，我们是答卷人。时刻谦虚谨慎、不骄不躁、艰苦奋斗，永远保持赤子之心，永远保持奋斗精神，与时代同呼吸，与祖国共奋进，继续书写恢弘答卷。新时代的青少年，征途漫漫，惟有奋斗！

1 罗阳：用一辈子守护祖国海天

30 年奋斗，前 20 年研发战机，后 10 年制造战机，他用一生践行着航空报国的伟志，直至生命最后一刻。他就是歼 -15 舰载机工程总指挥罗阳。罗阳，1961 年 1 月出生于辽宁沈阳，研究员级高级工程师，去世前为沈阳飞机工业（集团）有限公司董事长、总经理、党委副书记；2012 年 11 月 25 日在工作岗位上殉职。

罗阳

出生于军人家庭的罗阳，当年填写的高考志愿全是军工类专业。航空报国，一直是罗阳最坚定的信念。

1982 年，罗阳从北京航空航天大学飞机设计专业毕业，此后的 30 年间从没有离开飞机。他先是到沈阳飞机设计研究所任设计员，历任研究所组织部部长、党委书记，2002 年任沈阳飞机工业（集团）有限公司（以下简称"沈飞"）

党委书记、副董事长，2007 年任公司董事长、总经理。

在沈飞办公楼顶上，"航空报国 强军富民" 8 个大字，诠释着沈飞人的抱负和责任。作为一名大型航空企业的领导者，罗阳上任伊始就确立了新的发展思路，促进了企业发展速度、能力、效益的协调发展和整体突破。近年来，沈飞营业收入年均增长 16%，工业总产值年均增长 24%，利润年均增长 34%，规模和效益一年迈上一个新台阶。

2012 年 11 月 25 日上午 9 时许，中国第一艘航母辽宁舰圆满完成歼-15 着舰飞行任务，停靠在大连港。

辽宁舰刚刚入列时，海外媒体预计中国舰载机成功应用至少需要 1 年半，但中国仅用两个多月，就成功完成了起降试验。罗阳工作过的沈阳飞机设计研究所、沈飞集团，曾为中国贡献了歼-6、歼-8 等几代主力战机。为确保重点型号首飞，罗阳亲自签发总经理令，举全公司之力，攻坚

歼-15 舰载机

克难，创下了新机研制提前 18 天总装下线，从设计发图到成功首飞仅用 10 个半月的奇迹。

在科技攻关进入到关键时刻，科研人员加班加点，昼夜奋战。罗阳担心大家身体顶不住，特意从 242 医院请来十几名医护人员，现场为工作人员检查身体，打针开药，唯独没有想到自己。他甚至连每年一次的常规体检都忘了。

就是在他人生最后的 26 天里，罗阳还主持并参与了 4 个重大科研项目。"航空报国是使命，而不是荣誉！"很多人都记得罗阳生前常说的这句话。

在生命的最后几天，罗阳是在"辽宁舰"上度过的。褚晓文印象深刻的是，尽管歼 -15 起飞时巨大的轰鸣声震耳欲聋，罗阳还是坚持近距离记录每架次起降，飞机的一举一动总要问问原因，是飞机设计造成的，还是风速影响的。每次海试的间隔期间，他都会主动找设计人员、飞机测试人员了解飞机的状况。到下午飞机返航后，他又全面地对舰上多个工位、对试验点进行全面监测，每天在塔台、机库、武器库、锅炉房到处转。

由于此前训练任务异常繁重，加之船上有保密要求，在辽宁舰上的 8 天里，妻子王希利只接到过罗阳的一次电话。11 月 24 日任务完成后，罗阳兴奋地在电话里告诉妻子："自己全部的任务都已经完成了，非常欣慰。"谁知这次通话竟成了他和家人的永别。

飞机完美着舰，罗阳总指挥却猝然离世，在中国航空史上写下了悲壮而又感人的一笔。

（海螺音：《英雄从不曾被遗忘——追记歼 –15 舰载机研制现场总指挥罗阳》，《劳动保障世界》2018 年第 22 期。有删改）

 知识拓展

中国第一艘航空母舰辽宁舰

1985 年，"瓦良格"号航空母舰在乌克兰开工建造，但在建设周期中遭遇苏联解体，工程被迫中断。1995 年，"瓦良格"号从俄罗斯海军编制中退出，移交乌克兰。1999 年，中国购买该舰，几经辗转，于 2005 年 4 月 26 日，交付大连造船厂进行更改安装及继续建造。2011 年 8 月 10 日，开始出海航行试验。

2012 年 9 月 25 日上午，我国第一艘航空母舰辽宁舰在中国船舶重工集团公司大连造船厂正式交付海军。经中央军委批准，这艘航母命名为"中国人民解放军辽宁舰"，舷号为"16"。

辽宁舰全长 300 多米，宽 70 多米，从龙骨到桅杆的高度达到 60 多米，满载排水量 6 万余吨。官兵来自海军 140 多个团以上单位，涵盖水面舰艇、潜艇、航空兵、陆战队、岸防部队五大兵种，都是各部队、各专业的尖子和骨干。

辽宁舰交接入列，是中国海军建设发展的一个重要成果，标志着中国实现了航母"零的突破"，向着海洋强国的目标迈出了重要一步。

2 黄大年：以身许国，叩开地球之门

黄大年（1958—2017），中国共产党党员，广西南宁市人。先后毕业于吉林大学和英国利兹大学。曾任吉林大学地球探测科学与技术学院教授、博导。长期从事海洋和航空移动平台探测技术研究工作，探测地下油气和矿产资源以及地下和水下军事目标。2017 年 1 月 8 日，因病医治无效在长春去世，享年 58 岁。

黄大年

2009 年 12 月 24 日晚，黄大年坚定地登上回国航班。身后，是剑桥大学旁的花园别墅；是弃在停车场的豪车和满满两仓库药品；是学医的妻子放声痛哭，忍痛关闭的两个私人诊所；是仍在英国求学的女儿……心中，是这个从大山中走出的孩子从不曾忘却的赤子情怀——时刻听从祖国的召唤。

1977 年国家恢复高考后，黄大年每晚都在油灯下刻苦学习。高考前一天，他走了近一天的山路，才走到考点。二十年弹指一挥间。1996 年，黄大年以排名第一的成绩获得英国利兹大学地球物理学博士学位。

2009 年 4 月，接到吉林大学地球探测科学与技术学院院长刘财传来的国家"海外高层次人才引进计划"后，黄大年表示马上回国。他觉得，作为高端科技人员，在硕果累累的时候回来更有价值。当时，黄大年已在英国剑桥 ARKeX 航空地球物理公司任高级研究员 12 年，是航空地球物理研究领域享誉世界的科学家，主持研发的许多成果都处于世界领先地位。

2009 年 12 月，黄大年回到祖国。走下飞机，长春以漫天飞雪迎接游子回家。康河柔波、剑桥水草，怎及游子心中白雪飘飘的北国那似父亲般粗犷的拥抱——多年前，弥留的父亲打电话留下最后的遗言："孩子，你是有祖国的!"

回国 7 年来，黄大年仿佛铸剑者，为祖国在航空地球物理领域的目标——巡天探地潜海，向深地深空深海进军铺路筑桥、锻造利器。

"通俗地讲，就是要透视地球，给地球做 CT。军用、民用都有大用场。"黄大年的助手、吉林大学移动平台探测技术研发中心于平教授说，"比如地震海啸等地质灾害的发生，都有深层次机理，必须向地球深部进军，了解地球深部地质构造。"

作为地球深部探测计划的重要部分，探测技术装备必须突破发达国家的技术封锁。回国后，黄大年成为国家"深部探测关键仪器装备研制与实验项目"首席科学家。数年间，国家财政投入约 4.4 亿元，项目以吉林大学为中心，汇集了 400 多名来自高校和中国科学院的优秀科技人员，取得了一系列重大成果：固定翼无人机航磁探测系统工程样机研制成功，填补了国内无人机大面积探测的技术空白；无缆自定位地震勘探系统工程样机研制突破关键技术，为开展大面积地震勘探提供了技术支持和坚实基础；成功研制出万米大陆科学钻探工程样机"地壳一号"，为实施我国超深井大陆科学钻探工程提供了强有力的技术装备支持……这些成果，为实施国家地球探测计划奠定了技术经验和人才储备，全面提高了我国在地球深部探测重型装备方面的自主研发能力。

2011 年，黄大年负责组织高科技联合攻关团队，承接科技部"863 计划"航空探测装备主题项目，开展军民两用技术研究。超高精密机械和电子技术、纳米和微电机技术、高温和低温超导原理技术等多项关键技术进步显著，快速移动平台探测技术装备研发也首次攻克瓶颈，突破国外封锁。

黄大年回国前，我国对于航空重力测量的研究，尤其是重力梯度仪的研制，仅停留在理论和实验室样机研究阶段，现已进入了工程样机研究阶段。在数据获取的能力和精度上，我国与国际的研发速度相比至少缩短了 10 年。而在算法上，则达到了与国际持平的水平。

黄大年经常工作到凌晨两三点，除了加班，他平均每年还要出差 130 多天，而且乘坐的大都是午夜航班，只为节省时间多工作。

2015 年，黄大年爱人生病入院。他半夜飞回长春，先回家给妻子煮了面条送去医院，然后就拿起笔记本电脑蜷缩在陪护椅上开始工作。

2016 年 12 月 14 日，是黄大年手术的日期。"人生的战场无所不在。"手术前夜黄大年发朋友圈感慨。2017 年 1 月 4 日，黄大年陷入深度昏迷，直至 8 日离世。

7 年间，黄大年把所有的心血和爱献给了祖国、献给了事业、献给了他的学生，却唯独没有自己。

（孟海鹰：《以身许国　叩开地球之门——追记海归战略科学家黄大年》，共产党员网。有删改）

 知识拓展

"863 计划"：让中国跟上时代的步伐

1986 年 2 月，由有着"中国光学之父"美誉的王大珩执笔，核物理学家王淦昌、无线电电子学家陈芳允、航天技术及自动

控制专家杨嘉墀联合签名的《关于跟踪世界战略性高技术发展的建议》经一个多月的反复修改，最终定稿，并呈交邓小平。

4位科学家怎么也不会想到，后来中央下拨的专款是100个亿！——当时全国财政一年的总支出也就约2000亿元。

从1986年3月到8月，国务院先后召开7次会议，组织124位专家分成12个小组，进行了反复的探讨与论证，最后形成了《国家高技术研究发展计划纲要》。

1986年10月，中共中央政治局专门召开扩大会议，审议通过了《纲要》。这是当时中国唯一一个由中央政治局召开扩大会议通过的科技计划。

11月18日，一个面向21世纪的中国战略性高科技发展计划正式公布并实施了。因为4位科学家上书的时间和邓小平作出批示的时间都是1986年3月，所以该计划又简称"863计划"。

"863计划"选择了生物、航天、信息、激光、自动化、能源、材料等7个技术领域的15个主题项目来开始高科技的攀登，1996年又增加了海洋技术领域。在计划执行时，邓小平又提出了"军民结合，以民为主"的指导思想。

正是由于"863计划"的支持，中国在诸如高性能计算机、移动通信、高速信息网络、深海机器人与工业机器人、制造业信息化技术、天地观测系统、海洋观测与探测、新一代核反应堆、超级杂交水稻、抗虫棉、基因工程药物、新材料等一大批世界公认的高技术领域，稳稳地占据了一席之地。

3 王传喜：让村民都过上好日子

王传喜，1968 年 9 月出生，1997 年 3 月加入中国共产党，山东省临沂市兰陵县卞庄街道代村社区党委书记、村委会主任，中共二十大代表，第十四届全国政协委员。扎根基层 20 余年，带领村民们实干创业，促进城乡融合，实现连片共富。2018 年 6 月，被中央宣传部授予"时代楷模"称号；2019 年 9 月，被授予"最美奋斗者"称号。

王传喜

绿树如茵的街道、开满格桑花的花园、一幢幢联排别墅、一座座小康楼，一幅现代化的美丽田园立体真实地呈现在人们面前。这就是全国文明村镇山东省兰陵县卞庄街道代村。

20 多年前，代村是一个远近闻名的落后村，脏乱穷差，村集体负债近 400 万元。如今，代村成了家喻户晓的"领头雁"。村集体各项产业总产值 38 亿元、纯收入 1.6 亿元，村民人均纯收入 7.2 万元。是谁让这个村子在 20 年间发生了翻天覆地的变化？他就是代村的"带头人"——党委书记王传喜。

王传喜，一个地道的山东汉子，敦厚朴实、平易近人，眼神坚毅而笃定。谈起这 20 多年代村的变化，王传喜感慨万千，如数家珍。

1999 年 4 月 13 日，31 岁的王传喜接过"烂摊子"。"我感到作为一名共产党员，也是当时的致富带头人，有责任有义务勇敢地挑起这副担子，扭转这个落后被动的局面，把村庄治理好，让村民都过上好日子。"王传喜回忆道。

越是艰难越向前。凭着一股韧劲儿，王传喜抓班子、带队伍、逢山开道、遇水架桥，攻克了一个又一个的艰难险阻。为了偿还村集体债务，他甚至拿出了自己的家庭收入；为了顺利完成土地调整，他带着村"两委"成员吃住在地里，和村民一道收割耕作；为了找到更好的发展路径，他带领新班子到各地积极"取经"……

在王传喜的带领下，代村的发展一步一个台阶，稳步向前。先后建设农业生态园、代村商城、现代农业科技示范园、国家农业公园、新农人培训中心、农业企业园和印象代村等阳光产业，实现了现代农业、乡村旅游、商贸物流、建筑装饰、教育医疗、节会展览等多业并举，一二三产业融合发展。

"一花独放不是春"，王传喜带领干部群众积极投身"先富带后富，同走富裕路"的火热实践。从 2012 年至今，他先后实施了党建、科技、资金、人才等多种扶贫办法，采取"旅游+"产业扶贫模式，带动就业创业，惠及 12 个乡镇 220 多个村。

王传喜说，"只要有好的经验做法，我们都要共享，因地制宜地向周边村庄输出发展经验"。着眼长远，他带领一班人全面推进覆盖 12 个村、2.6 万人的"田园新城"建设，把国家农业公园、运粮河公园和银湖活力区，像珍珠一样串联，拓展乡村全域旅游，凝心聚力建成乡村振兴先行样板、共同富裕示范区，共同打造共富之城。

乡村的发展壮大也吸引了越来越多的青年人加入。"年轻人不愿留在村里，我认为主要的原因还是农村缺产业。

代村全貌

发展产业以后，年轻人有事干，然后再有丰富的精神文化生活、完善的基础设施和良好的人居环境，这样更多的年轻人就能留下来。"王传喜自豪地说，代村现在户籍人口4000 多，常住人口9000 多，还在不断增加。

王传喜带领村民办《代村报》、建村史馆、修博物馆，还培训村民到农业公园当起了导游。现在，代村每年定期举办"十星级文明户""道德模范""好媳妇好婆婆好村民"等评先树优活动，大家争着学先进、争着当先进。代村坚持推进移风易俗，新事新办，这既为群众节省了时间，又节约了资金，形成了一种昂扬向上的好风气。

"我们的大商城、大景区，还有我们的夜游经济每天都有成千上万，多的时候有几万的人流量，就需要我们处处讲文明。"王传喜说。在代村，人人争做文明人，大家见了垃圾都会捡起来，都会爱护公物，都会珍惜集体的各项荣誉。

村庄富，环境美，人心齐。"火车跑得快，全靠车头带。"在中国式现代化的新征程上，在王传喜的带领下，代村人正在书写一个又一个的乡村振兴传奇。

（王小伟：《让村民都过上好日子——专访时代楷模、山东省兰陵县卞庄街道代村社区党委书记王传喜》，中国文明网 2023 年 12 月 5 日，有删改）

 知识拓展

乡村振兴战略

乡村振兴战略是习近平总书记于 2017 年 10 月 18 日在党的十九大报告中提出的。党的十九大报告指出，农业农村农民问题是关系国计民生的根本性问题，必须始终把解决好"三农"问题作为全党工作的重中之重，实施乡村振兴战略。

2017 年 12 月 28—29 日，中央农村工作会议在北京召开。会议首次提出走中国特色社会主义乡村振兴道路，让农业成为有奔头的产业，让农民成为有吸引力的职业，让农村成为安居乐业的美丽家园。会议明确了实施乡村振兴战略的目标任务：到 2020 年，乡村振兴取得重要进展，制度框架和政策体系基本形成；到 2035 年，乡村振兴取得决定性进展，农业农村现代化基本实现；到 2050 年，乡村全面振兴，农业强、农村美、农民富全面实现。

中国特色社会主义乡村振兴道路怎么走，会议提出了七条"之路"：必须重塑城乡关系，走城乡融合发展之路；必须巩固和完善农村基本经营制度，走共同富裕之路；必须深化农业供给侧结构性改革，走质量兴农之路；必须坚持人与自然和谐共生，走乡村绿色发展之路；必须传承发展提升农耕文明，走乡村文化兴盛之路；必须创新乡村治理体系，走乡村善治之路；必须打好精准脱贫攻坚战，走中国特色减贫之路。

4　刘永坦：踏平坎坷成大道

刘永坦，1936 年生，江苏南京人，中国科学院院士、中国工程院院士、哈尔滨工业大学教授。致力于我国雷达事业发展，为加快建设科技强国、海洋强国作出了突出贡献。2019 年被评为"最美奋斗者"。

刘永坦

1990 年 4 月 3 日，某地雷达实验站。人群中央，那个戴着眼镜、脸晒得黝黑的人，热泪纵横。他身后，雷达天线阵迎风矗立。他，就是主持这项科研工作的刘永坦。在这片满目荒芜的海岸线上，他带领团队奋战多年，终于使我国新体制雷达实验系统首次实现目标探测！

从零开始！45 岁的刘永坦义无反顾，向中国的科研"无人区"进军。10 个月后，团队建起来了，一份 20 多万字的《新体制雷达的总体方案论证报告》出炉了。

一场填补国内空白的开拓性攻坚战正式拉开帷幕。当时，雷达实验站的选址位于一片荒芜地带，批复的经费不足，发射机、接收机等模拟系统和操作系统也十分落后。团队里有人打了蔫儿，可刘永坦话语铿锵："如果没有难点，还叫什么科研！"雷达站远离人烟，科研人员住在四面漏风的简易房子里，一天工作十几个小时，一干就是几个月。生活不便，他们经常用冷面包充饥；交通不便，他们顶风冒雨，单程徒步 3 千米往返驻地和雷达站。

1989 年，新体制雷达实验系统建成，中国人用 8 年时间，赶完了西方国家二三十年的路。1991 年，新体制雷达项目获得国家科技进步奖一等奖，刘永坦当选为中国科学

刘永坦主持研制的对海新体制雷达天线阵

院学部委员（院士）。1994 年，他又当选为中国工程院首届院士。

　　随后，刘永坦带领团队从实验场转战到应用场，着力解决新体制雷达实验系统的实际应用转化。此时的刘永坦已是中国科学院院士、中国工程院院士，很多人劝他"歇歇吧""别砸了自己的牌子"，他却坚持："科研成果不能转化为实际应用，就如同一把没有开刃的宝剑，中看不中用。"设计—实验—失败—总结—再实验……刘永坦领着团队进行了更加艰辛的磨炼，攻克了一个又一个难题。

　　2011 年，具有全天时、全天候、远距离探测能力的新体制雷达研制成功并投入实际应用，攻克了处于国际领先地位的核心技术。

　　（吴晶、陈聪、屈婷等：《踏平坎坷成大道——记科学家刘永坦》，新华网 2021 年 9 月 29 日。有删改）

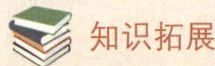 知识拓展

新体制雷达

　　以前的雷达虽然也可以发现远处的物体，但是它们有很多限制。例如，如果天气不好，有雾或雨雪，使用一般的雷达就

很难看清楚远处的物体。再比如，如果物体在墙壁的后面，隔着墙壁，雷达就无能为力了。

新体制雷达不同于传统的雷达，它可以发出更强的无线电波，并且可以更准确地接收反弹回来的无线电波。最重要的是，这种雷达还可以使用一种叫作相控阵的技术，通过改变无线电波的方向，来探测不同方向的物体。

这个技术就好像是一个超级强大的眼睛，可以"透视"，能够让我们看穿云层和墙壁，看到更远更广阔的世界。而且，这个眼睛还是不怕雨雪天气的，无论天气是好是坏，它都可以帮我们看清楚远处的世界。

新体制雷达被广泛应用于许多领域，包括军事、航空、气象和安全等。

此外，新体制雷达还在卫星通信、遥控探测、水下探测等领域得到了广泛应用。

5　朱有勇：用科技种庄稼

朱有勇，1955 年 11 月出生于云南个旧，中国工程院院士、云南农业大学名誉校长、云南省科学技术协会主席。他致力农业科学研究，取得多项重大科研成果，立足农村实际推动科技成果转化。先后获国家科技进步二等奖及"全国优秀共产党员""全国杰出专业技术人才""全国模范教师"等荣誉称号。

朱有勇

他积极投身脱贫攻坚事业，主动来到深度贫困的"民族直过区"承担扶贫任务，带领村民发展特色产业，改变了当地贫困落后的面貌；他与少数民族群众同吃同住同劳动，受到各族群众真心爱戴，被亲切地称为"农民院士"。他就是云南农业大学名誉校长朱有勇院士。

"一开始我们不知道'院士'是什么人，只是经常看到他下地干活儿，还给我们讲些农作物种植知识。"竹塘乡蒿枝坝村村民李福回忆起第一次见到朱有勇的情景，"那天刚下过雨，他就站在田里看我们种的庄稼。"

2015年，中国工程院确定了澜沧拉祜族自治县作为院士专家科技扶贫点，近60岁的朱有勇院士自告奋勇来到这里，并在竹塘乡建起了"院士小院"。小院里常常挤满从周边村子赶来的农民，他们都希望院士为自家的庄稼产量出谋划策。李福心想："原来院士是和农民一起种地的人。"

"我们科技工作者就是要去研究不同生态环境条件最适合种什么作物，把作物种在最适合的地方，进而发展出一个产业。"几番失败后，朱有勇意识到要带领村民种植"卖得出去"的农作物。在澜沧拉祜族自治县的田野上，朱有勇带领团队研究出了冬季马铃薯种植技术、给葡萄"打伞"的避雨栽培技术，还解决了三七种植的"连作障碍"，一项项科技成果变成让村民致富的"硬实力"。

2017年，朱有勇在澜沧拉祜族自治县开设中国工程院科技扶贫技能实训班。在这间田野上的"大教室"里，学员都是当地的农民，每上完一堂课，都要按照老师留的作业去种一亩土豆、一亩三七、一亩葡萄，考试成绩依农作物产量和个头评测给出。此外，这里还开设了电子商务、营销学等课程。朱有勇说："从这里'毕业'的农民不仅让自己家脱了贫，甚至把整个村子的产业都带动起来了。"

"我做院士也好，当教授也罢，归根结底我还是一个农民，一个会用科技种庄稼的农民。"朱有勇于2004年担任云南农业大学校长，不过两年后便辞去校长职务，潜心农业科研。他认为，"我做科技工作者会做得更好"。

他记得，小时候自己的村子里很多人都吃不饱饭。后来，村里开始引进化肥提高庄稼的产量。从那时起，朱有勇的梦想就是当一个农业科学家。1977年恢复高考，朱有勇考入云南农业大学植物保护专业。从田间地头来到大学课堂，他在那里遇到了一道自己答不出的问题——追溯世界农业历史，依赖化学农药控制病害不足百年，在几千年传统农业生产中，利用什么控制病虫害？

朱有勇（右）在直播卖土豆

在当时互联网还不发达的年代，朱有勇只能靠书本和实验慢慢摸索答案。在一次走访调查中，朱有勇发现，只种糯稻的田地里出现了大面积发黄的现象，几乎没有收成，而另外几块与杂交稻共同种植的糯稻田却没有"生病"。同样的品种，为什么采用不同的种植方法，就会出现截然不同的生长情况？朱有勇觉得这就是问题的答案。不过，科学实验之路并不容易，朱有勇在那块试验田干了7年，没有任何进展。迷茫之际，朱有勇踏上了去海外寻找答案的道路。

在国外留学期间，朱有勇第一次见到了上百亩的试验田，那时候他才知道农学生态实验必须要有大面积的重复种植实践。回国之后，朱有勇便立即投入新一轮的实验，他向云南省申请了2000多亩试验田，第二年将其扩大到5000多亩，第三年又继续扩大到两万亩。终于，实验成功了！

在朱有勇看来，这项科学实验的经历改变了自己的一生。从院士到扎根田野间的"农民"，朱有勇说："我只写出两篇论文，一篇是20年前从2000亩试验田扩大到两万亩的实验成果，另一篇就是写在祖国大地上的论文。能帮千千万万农民解决吃饭问题，才是做实验、写论文的意义。"

（许子威：《朱有勇：我是一个会用科技种庄稼的农民》，《科学之友》2023年9期。有删改）

 **知识拓展**

农业科技是实现农业现代化的关键

习近平总书记在 2022 年 12 月召开的中央农村工作会议上指出，要紧盯世界农业科技前沿，大力提升我国农业科技水平，加快实现高水平农业科技自立自强。

农业科技，被视为推动农业强国建设的一大"利器"，也是抢占未来全球农业发展先机，持续夯实国家粮食安全根基的关键因素之一。

农业生产受益于科技投入的比例，是检验农业科技水平的"试金石"。近年来，我国农业科技事业取得长足进步，基础前沿与关键核心技术攻关步伐坚实，科技和装备支撑稳产保供扎实有力，科技助力增收致富成效显著，农业生产发展方式转型进程加快。其中，农业科技进步贡献率达 62.4%，作物良种覆盖率超过 96%，品种对单产贡献率达 45%，畜禽、水产核心种源自给率分别超过 75% 和 85%，农作物耕种收综合机械化率达到 73%。

农业科技是实现农业现代化的关键，农业科技正助力我国农业生产效率和效益持续提升，已经成为我国农业发展的重要战略性支撑。

6 王文教：中国羽坛的"垦荒者"

王文教（1933—2022），福建南安人，中国国家羽毛球队原总教练。率中国羽毛球队获得 4 次汤姆斯杯团体赛冠军、56 个世界单项冠军。世界羽联终身成就奖获得者。2019 年，被授予"人民楷模"国家荣誉称号，为中国体育界唯一入选者。

王文教

1933 年，祖籍福建南安的王文教出生在印度尼西亚梭罗市。他从 8 岁开始打羽毛球，除了上课时间，大部分时间都泡在球场上，将羽毛球视为第二生命。王文教勤奋刻苦，后来成为印尼国家羽毛球队的一员。

1953 年，作为印尼羽毛球明星的王文教跟随印尼华侨青年体育观摩团回到中国，参加全国四项球类运动会。在运动会后的友谊赛上，王文教与刚刚产生的全国羽毛球冠军进行了一场友谊赛。虽轻松赢得比赛，王文教的心里却不是滋味，因为中国羽毛球与世界顶尖水平差距不小。这一次回国，让他悄悄萌生了回国打球，为祖国羽毛球事业贡献力量的想法。

选择回国并不是一件容易的事。王文教在印尼当局的要求下签下了保证书，保证"离开印尼后，永远不再回到印尼"，这也意味着他必须和亲人们分离了。面对离别，家人并未阻止，王文教的母亲还特地准备了1000斤粮食让他一起带回国。

1954年5月，王文教登上了回国的轮船。当时，国家体委暂时将天津市作为球类运动训练基地，王文教在天津开始了我国羽毛球运动最初的普及和专业筹建，逐渐制订出包括身体训练、技术训练和战术训练内容的一套完整的训练计划。这一时期，他还常在京津两地的一些工厂、学校等单位举行表演赛，向群众普及羽毛球运动，并为羽毛球爱好者进行技术辅导。

1956年，福建省成立了第一支羽毛球队。当时，广东、上海这些羽毛球运动相对发展较好的地方都向王文教发出了邀请，但王文教坚决地说："我是南安洪濑四都岭兜人，我一定要回福建。"为了快速提高福建省队的羽毛球技术，也为了迎接第一届全国运动会，王文教积极奔走争取，让福建拥有了全国第一座羽毛球训练馆。他还和一起回国的队友陈福寿合写了一本教材——《羽毛球》。到1958年，全国已有20多个省、市成立羽毛球队，都以这本教材为训练指导。

1959 年，在第一届全国运动会上，福建羽毛球队获团体总分第一，王文教收获了男单和男双两项冠军。1960 年，汤仙虎、侯加昌等也相继从印尼回国加入福建队，令福建队如虎添翼。1962 年，王文教开始担任福建男子羽毛球队教练，在他的精心教导下，福建队有了"梦之队"的美称。

1965 年，王文教带着中国队走出国门，来到丹麦挑战世界亚军。第一场比赛，汤仙虎以 15∶0 击败对手。在接下来的 17 场比赛中，中国队更是无一败绩。经此一战，中国羽毛球队赢得了"无冕之王"的美誉。

1972 年，周恩来总理一纸调令，让王文教负责组建国家队。王文教开始担任中国羽毛球队总教练和男队主教练。1982 年，在他的带领下，中国羽毛球队出征汤姆斯杯，这是中国恢复国际羽联合法席位后参加的第一次国际羽毛球赛事。决赛上，中国队遇到了多次斩获汤姆斯杯的"羽坛霸主"印尼队。第一天比赛，印尼以 3∶1 领先。王文教和队员们马上总结经验教训，调整比赛方案。第二天，中国队奇迹般地连扳 4 分，最终以总比分

王文教在第一届全运会羽毛球男子单打比赛上夺得冠军

5∶4 实现惊天逆转，首夺汤姆斯杯。

此后，王文教带领中国羽毛球队一路拼杀，10 次夺得汤姆斯杯、14 次夺得尤伯杯、11 次夺得苏迪曼杯，累计获得 18 枚奥运金牌。

从 1954 年回国，到 2022 年逝世，王文教作为中国羽坛的"垦荒者"，亲手创造并见证了中国羽毛球的崛起和辉煌，是中国羽毛球运动发展的杰出贡献者。

21 年的执教生涯，他率领中国羽毛球队共获得过 56 个世界单项冠军和 9 个世界团体冠军，还带出汤仙虎、侯加昌、韩健、杨阳、赵建华、熊国宝、李永波等羽坛名将。1985 年，王文教被国家体委授予"新中国体育开拓者"称号，1987 年被评为"最佳教练员"。2015 年，作为让中国羽毛球走向辉煌的奠基者，王文教获世界羽联终身成就奖。2019 年 9 月，王文教先后被授予"人民楷模"国家荣誉称号和"最美奋斗者"称号。

2022 年 12 月 25 日，王文教在北京逝世，享年 89 岁。中国羽毛球协会发布声明说："王文教同志作为新中国羽毛球事业的奠基人，为中国羽毛球运动的发展无私奉献、奋斗终身，作出了杰出的贡献。他的逝世，是中国羽毛球界的巨大损失。"

（原文载《泉州晚报》2023 年 7 月 28 日，作者李菁、林海霞）

 知识拓展

方定埙：新中国归侨体育名将的"伯乐"

1953年，一支特殊的羽毛球队受邀从印度尼西亚启程，到中国观光、比赛。这支球队由50名印尼华侨运动员组成，由领队方定埙带队回国参加球类交流赛。

方定埙（xūn）在印尼从事海外华侨教育多年，一直致力于在当地华侨中推广体育运动，在印尼华侨体育界有着很高的威望。印尼华侨球队回国比赛期间，方定埙结识了时任国家体委主任的贺龙。出于对祖国的热爱，方定埙主动承担起当时中国各类体育运动团、访问团到印尼交流的安保及后勤工作。在一次次的工作接触中，方定埙与贺龙结下了深厚的友谊。贺龙曾委托方定埙一项重要的工作——为新中国的体育发展挑选优秀的青年运动员。

印尼是传统的羽毛球体育强国，在众多优秀羽毛球运动员中，不乏华侨青年。方定埙为动员他们回国做了很多工作，最终500多名印尼华侨羽毛球、乒乓球运动员踏上了回国的旅程。其中就有我国著名运动员林慧卿、汤仙虎、侯家昌、王文教、陈福寿、陈玉娘等人，他们曾多次在国际比赛中夺得名次，为祖国争得了荣誉，很多人在退役后成为教练员。在他们与国内运动员的共同努力下，我国羽毛球运动形成了竞赛体制，极大推动了我国竞技羽毛球运动的发展。

7 海军航空大学某基地舰载机飞行教官群体：海天之翼　重器之魂

　　一个奇冷的冬日，国产歼 -15 舰载机首次在辽宁舰成功降落，人民海军航空兵，实现由岸基向舰基的历史性突破。冬去春来，年复一年，海军航空大学某基地的飞行教官们，扎根渤海之滨，探索奋飞之路，为战教人，放飞了一批又一批中国舰载机飞行员。他们，见证人民海军向海图强，走进深蓝。2021 年 12 月他们被中宣部授予"时代楷模"称号。

海军航空大学某基地舰载机飞行教官群体

赤胆无愧，理想融入家国

舰载机，是航母的核心战斗力，是人民海军的新型作战力量。世界航母发展已有百年，中国舰载机事业刚刚起步。要培养优秀的舰载机飞行员，先要有优秀的飞行教官。

孙宝嵩、王勇、杨勇、艾群、曹先建……一批从全军遴选出来的优秀飞行员，在极其艰苦的条件下，悄然入驻某军用机场。在这里，被誉为"飞鲨"的歼-15战机映着地平线上的红日。

"我觉得，这才是我的终极梦想。"已成为基地司令员的孙宝嵩说，他曾有过很多梦想，第一个梦想是当刑警，考上炮兵学院后想当一名炮兵指挥员，成为飞行员后还想当试飞员，去飞最好最新的国产战斗机。

做一名刀尖舞者，而且是领舞"飞鲨"，几乎是所有飞行教官挑战自我的理由。来基地前，王勇和杨勇已经有上千小时的三代战斗机飞行经验，孙宝嵩还是空军首届"金头盔"获得者。改飞舰载机，意味着一切从零开始。

与战斗机飞行不同，舰载机飞行难在起降，最难在降。航母上，可供飞行员选择的有效着舰区长度只有约36米，而国产歼-15舰载机的机身长度就有20多米。业内有句行话：再优秀的飞行员，也不可能在没有着舰指挥官的帮助下，成功降落。

王勇回忆那一年多的脱胎换骨，是一种重生。这位来自"海空雄鹰团"的优秀飞行员，来到基地后也要从飞模拟机入手，用新的肌肉记忆替代原先的训练成果。

"饭量在增加，体重却在减轻。"王勇说，休息时间除了锻炼身体，就是飞模拟机。

若没有信念领航，很难浴火重生。杨勇还记得中国第一位着舰成功的飞行员戴明盟给大家立下的规定：我们的舰载机飞行员，一定要自己飞上航母！在这条军规下，杨勇和战友们都没有事先走上航母熟悉跑道，而是夜以继日在陆上苦练精飞。杨勇先后完成了昼间、夜间的着舰资质认证，成为同时具有昼夜资质的舰载机教官。

自己先行先试，试出经验再带教学员。中国舰载机飞行教官群体凭借赤胆忠诚，逐步构建起从岸基到舰基、从理论到实践的人才培养体系。

勇者无畏，使命超越生死

孙宝嵩的生日是 4 月 27 日，但他已经有 5 年没过生日。因为，2016 年的这一天，舰载机飞行员张超在驾驶歼-15 战机进行陆基模拟着舰训练时突发故障，不幸牺牲。在中国航母舰载机发展史上，张超是第一名牺牲的飞行员。

放飞海天之翼，铸就重器之魂，又怎么可能没有牺牲？张超就像一颗绚丽的流星，陨落在距离航母只有咫尺的地方。

就在张超牺牲 21 天前，曹先建驾驶舰载机起飞后突发飞控系统故障。为挽救战机，他直到战机坠海前 2 秒才跳伞——这并不是一个最佳的跳伞时机，他太想保住战机了。

幸运的是，曹先建不仅重新站了起来，还在伤后第 419 天驾机在辽宁舰上成功着舰，重返"飞鲨"团队。

当我国第二艘航母完成首次海上试验任务后，航母建设发展进入加速期，规模化培养舰载战斗机飞行员迫在眉睫。任务加重，规模扩大，周期缩短，课目增多。

飞行教官团队打破固有模式，边组建边开飞，边实践边探索，不断刷新飞行极限、保障极限、带教极限、空域利用极限。

教官梁李彬带着飞行学员曲坤升空，他们的飞行课目是"昼间双机低空山谷飞行训练"。高度 160 米，一群大雁迎面而来，梁李彬修改坡度，成功避让过去。谁曾想到，后面还有一只追逐大雁的鹰，直接撞了上来……

勇者敢于无畏，是基于技术的精湛。当确认飞机状态良好后，梁李彬放弃跳伞的念头，他要把飞机带回来。惊心动魄 12 分钟里，在塔台、僚机、前舱和后舱的密切配合下，梁李彬驾驶着"敞篷飞机"成功着陆。按惯例，梁李彬给已经怀孕的老婆报了个平安，轻描淡写的一句话："今天被鸟撞了……"挂断电话，又像没事人一样去了食堂吃饭。除了眼球上挂着血丝，丝毫看不出他刚与死神擦肩。

勇者无畏，使命使然。

（黎云、孙鲁明、高蕊：《海天之翼　重器之魂——记海军航空大学某基地舰载机飞行教官群体》，《新华每日电讯》2021年 12 月 28 日。有删改）

 知识拓展

歼-15 舰载战斗机

歼-15 是我国自主研制的第一代舰载战斗机，同时也是现阶段中国海军除歼-35 隐身舰载机（还未正式服役）之外，仅有的一款舰载战斗机，更是当前世界上唯一的一款重型舰载战斗机。它由沈飞集团研制而成。

歼-15 舰载战斗机整机长度为 22.28 米，翼展宽度是 15 米，机高 5.93 米；空重状态下为 17.5 吨，战时最大载重状态可达 32.5 吨；配备两台国产"中国芯"涡扇 10-B 系列发动机，最快飞行速度能够达到 2.4 马赫；满载油量状态下，最大航程约为 3500 千米，战斗状态下支持的作战半径约为 1400 千米。

歼-15 舰载机的机腹和翼展下方共配有 12 个武器外挂点，这样多种类的导弹挂载搭配能力，充分体现了歼-15 舰载机具备的多功能多用途作战能力。歼-15 舰载机还拥有一门 23 毫米航炮，具有极强的近距离空战能力，大大提升了其在战场的生存能力。

8 中国援外医疗队群体：60 年跨越山海书写大爱无疆

有这样一群人，他们远离祖国亲人，足迹遍布全球 76 个国家和地区；有这样一支队伍，3 万余人次 60 年赓续接力，诊治患者近 3 亿人次，拯救生命无数。他们，就是勇担使命、救死扶伤、得到国际社会广泛赞誉的中国援外医疗队。

1962 年 12 月，中国卫生部收到了一封特殊的信件。刚刚宣告独立的阿尔及利亚政府通过国际红十字会，向全世界发出紧急医疗援助的呼吁。让阿政府没想到的是，刚渡过困难时期、正在艰难恢复中的中国第一个宣布选派优秀医生组成中国援外医疗队驰援非洲兄弟。

1963 年 4 月 6 日，第一支中国援外医疗队从北京出发，辗转 10 天，最终抵达地处撒哈拉沙漠边缘，被称为"沙漠之门"的阿尔及利亚赛义达。在首批援阿尔及利亚医疗队中，有一位 24 岁的镇江姑娘邱月华，最远只去过南京的她，连非洲在哪儿都不知道，但也义无反顾，选择了奔赴使命。

"这是我接出来的孩子，其中的一个母亲患肺结核，孩子交给我们喂养，现在已经快到一个月了……" 1965 年 4 月，年轻的邱月华在一张满月婴儿的照片背面，记录下了这样一段文字。尽管时光已经过去将近 60 年，我们仍能从这娟秀的字迹中，看到年轻的中国援外医疗队队员，饱含深情迎接新生命的大爱与责任。

1993 年，同为妇产科医生的徐长珍毫不犹豫就报了名，与前辈邱月华一样远赴万里之遥。

正是因为对这片土地上的人民"实在放心不下"的情感，徐长珍先后四次回到非洲。

她永远忘不了，患有直肠阴道瘘，30 多年没有穿过一条干净裤子的达赫老人，手术成功后激动得像孩子一样，抱着她的胳膊失声痛哭……

与非洲这片土地有着"过命交情"的，还有援桑给巴尔中国医疗队队长卢建林。2011 年 9 月 10 日，坦桑尼亚发生了震惊世界的沉船海难事件，在这场与死神的赛跑中，面对上百人的溺水救治，面对落后的医疗条件和语言不通，卢建林和队员们开出了一份中国方案，在短短一天内处置伤者 150 多位，抢救重伤患者 13 名。三天时间的救援，让400 多位沉船事故受伤者陆续康复。

国虽有界，医者无疆。应对突发救援事件，中国援外医生的身影从未缺席。

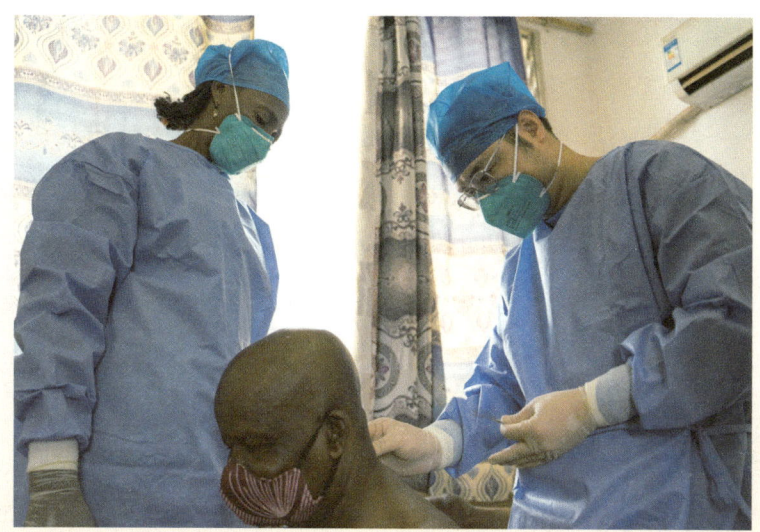

2022 年 2 月 13 日，在中非共和国首都班吉友谊医院，第 19 批援中非中国医疗队针灸科医生在为病人作针灸治疗

　　"授人以鱼不如授人以渔"，2017 年，在南苏丹的朱巴教学医院队长朱兴国在国内专家的远程协助下，成功完成了该院第一例巨大腮腺肿瘤手术。

　　宁夏援贝宁医生郎志存在当地建立"中国—贝宁远程会诊中心"，广东援多米尼克医疗队员吴德熙建立起当地历史上第一个心血管专科。

　　2022 年 11 月，位于赤道几内亚的中赤几友好医院顺利竣工……

　　60 年来，中国援外医疗队队员们为发展中国家援建医疗卫生设施共 130 多所，培养医疗人员 10 万多人次，极大提高了受援国医疗技术水平，留下了一支"带不走的医疗队"。

在国外，病人们可能记不住口罩后面他们的模样，但都清楚地记得他们白衣上的那面醒目的五星红旗，都清楚地记得他们有一个共同的名字——中国医生！

（据中央广播电视总台央视一套 2023 年 10 月 20 日新闻稿，有删改）

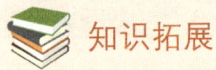 **知识拓展**

60 年来中国援外医疗成就辉煌

2023 年是中国援外医疗队派遣 60 周年，自 1963 年向阿尔及利亚派出第一支医疗队以来，中国已累计向全球 76 个国家和地区派遣医疗队员 3 万人次，诊治患者 2.9 亿人次。

60 年间，中国医疗队的足迹遍及亚非拉等广大发展中国家和地区，体现了"不畏艰苦、甘于奉献、救死扶伤、大爱无疆"的中国医疗队精神，讲述了一个个生动感人的中国医疗队故事。

60 年间，中国医疗队妇产科医生扎根当地，以精湛的医术和无私奉献的精神迎来一条条鲜活的生命，在"生死时分"帮助多名孕妇和新生儿脱险，仅在阿尔及利亚一国就成功接生约 207 万新生儿。中国妇产科医生团队还引入新技术、新理念，大大提升了当地妇幼健康水平。

60 年间，中国医疗队先后在非洲、东南亚、中北美以及加勒比地区 30 多个国家开展"光明行"活动，免费为上万名白内障患者进行白内障复明手术。

面对重大疫情考验，中国从未缺席。中国青蒿素治疗疟疾方案挽救了全球数百万人的生命，仅撒哈拉以南非洲地区就有约 2.4 亿人受益于青蒿素联合疗法。2014 年非洲埃博拉病毒肆虐，中国共向相关国家派出 1200 多名医护人员，收治 800 多名患者，完成 1.2 万余人次公共卫生培训，赢得受援国政府和人民的高度评价。

60 年间，中国与 41 个国家 46 家医院建立对口合作关系，支持 22 个国家建立 25 个重点专科中心，将医疗技术援助机制化、系统化。中国医疗队通过临床带教、手术演示、远程指导等多种方式，为受援国培养医疗人员 2 万余人次，填补数千项技术空白，极大提高了当地医疗技术水平，为受援国留下了"带不走的医疗队"。

（据 2023 年 4 月 19 日外交部发言人汪文斌在例行记者会上介绍内容整理）

图书在版编目（CIP）数据

做堪当新时代重任的接班人.第二辑：少年版/《做堪当新时代重任的接班人》编写组编.-- 南昌：江西人民出版社，2024.2
（新时代爱国主义教育丛书）
ISBN 978-7-210-15420-4

Ⅰ.①做… Ⅱ.①做… Ⅲ.①爱国主义教育—中国—少年读物 Ⅳ.① D647-49

中国国家版本馆 CIP 数据核字（2024）第 039324 号

做堪当新时代重任的接班人 第二辑 少年版
ZUO KANDANG XINSHIDAI ZHONGREN DE JIEBANREN DI-ER JI SHAONIAN BAN
《做堪当新时代重任的接班人》编写组 编
陈 安 黄 云 撰稿

策 划：梁 菁 黄心刚
责 任 编 辑：魏如祥
书 籍 设 计：王梦琦

江西人民出版社 出版发行

地 址：江西省南昌市三经路 47 号附 1 号（330006）
网 址：www.jxpph.com
电 子 信 箱：jxpph@tom.com
编辑部电话：0791-86895309
发行部电话：0791-86898801
承 印 厂：南昌市红星印刷有限公司
经 销：各地新华书店

开 本：880 毫米 × 1230 毫米 1/32
印 张：4.5
字 数：100 千字
版 次：2024 年 2 月第 1 版
印 次：2024 年 2 月第 1 次印刷
书 号：ISBN 978-7-210-15420-4
定 价：16.00 元
赣版权登字 -01-2024-87